【典藏】
厦门文史丛书

中国人民政治协商会议
福建省厦门市委员会 编

卢志明 著

厦门闾里记忆

厦门大学出版社

图书在版编目(CIP)数据

厦门闾里记忆/卢志明著.—2版.—厦门:厦门大学出版社,2019.12
(厦门文史丛书)
ISBN 978-7-5615-7640-3

Ⅰ.①厦… Ⅱ.①卢… Ⅲ.①厦门—地方史 Ⅳ.①K295.73

中国版本图书馆 CIP 数据核字(2019)第 241919 号

出 版 人	郑文礼
责任编辑	薛鹏志
装帧设计	鼎盛时代
技术编辑	朱 楷
出版发行	厦门大学出版社
社 址	厦门市软件园二期望海路 39 号
邮政编码	361008
总 机	0592-2181111 0592-2181406(传真)
营销中心	0592-2184458 0592-2181365
网 址	http://www.xmupress.com
邮 箱	xmup@xmupress.com
印 刷	厦门集大印刷厂

开本	720 mm×1 000 mm 1/16
印张	17
插页	3
字数	290 千字
印数	1~2 000 册
版次	2019 年 12 月第 2 版
印次	2019 年 12 月第 1 次印刷
定价	78.00 元

本书如有印装质量问题请直接寄承印厂调换

厦门大学出版社
微信二维码

厦门大学出版社
微博二维码

《厦门文史丛书》编委会

- ■ 顾　问　　陈修茂　陈维钦　陈联合　陈耀中　庄　威
　　　　　　　郑兰荪　江曙霞　桂其明　翁云雷
- ■ 主　任　　桂其明
- ■ 副主任　　陈　韬　朱伟革　钱培青
- ■ 主　编　　洪卜仁
- ■ 编　委　　沈松宝　卢怡恬　张昭春

《厦门闾里记忆》编委会

- ■ 著　者　　卢志明
- ■ 编　辑　　吴慧颖　许　丹
- ■ 图　片　　郑宪　白桦　李世平　林剑影　杜小霞等

【序言】

"好雨知时节，当春乃发生。"古往今来，人们总是由衷地赞美春天。因为它充满生机和憧憬，带来的不仅仅是播种的怡悦，还常常伴随着收获的希冀。

在万木复苏、百花盛开、姹紫嫣红、春回大地的日子里，参加厦门市政协十一届一次全会的全体新老政协委员，就是怀着一种播种与收获交织、怡悦与希冀并行的激情，迎来了2007年新春的第一份礼物。根据本届市政协主席会议的研究决定，由厦门市政协与我市文史工作者合作共同推出的"厦门文史丛书"第一方阵——《厦门名人故居》、《厦门电影百年》、《厦门史地丛谈》、《厦门音乐名家》等四种政协文史资料读物终于如期与大家见面了！

这无论在厦门政协文史资料发展历史上，还是在我市先进文化建设进程中，都是可圈可点，很有意义的一件喜事。为此，我首先代表厦门市政协，向直接、间接参与这套丛书的组织、策划、编撰、编辑、出版和宣传工作而付出辛勤劳动的有关领导、专家、学者及工作人员，向为此提供宝贵支持的社会各界和热心人，表示衷心的感谢，并致以新春佳节最美好的祝愿！

众所周知，文史资料历来就受到人们的重视和青睐。因为通过它，人们不仅可以自由地超越时空，便捷可靠地了解到一个区域（通常是一个城市）古往今来的进步发展情况，真实形象地感受到这里丰富多彩的文化历史现象，满足自己的求知欲和审美情趣，而且还可以发现许多具有现实意义和参考价值的吉光片羽，并从中汲取激励自己积极向上、奋发有为的养分和力量。

通过文史资料，我们知道：厦门这块热土有着丰富而厚重的历史积淀和文化内涵。迄今四五千年前的新石器时代，厦门岛上就有早期人类生活的遗迹。大概一千二三百年前的唐代中叶，中原汉族就辗转迁徙前来厦门，在岛上拓荒垦殖，繁衍生息。宋元时期，中央政府开始在厦门驻军设防。明朝初年，为了防御倭寇侵犯，在厦门设置永宁卫中、左二所，洪武二十七年（1394年）又在此兴建城堡，命名厦门城。从此，"厦门"的名字正式出现在祖国的版图上，并随着城市的进步发展、知名度的不断提高而逐渐蜚声海内外。今天的厦门，早已不是当年偏僻荒凉的海岛小渔村，而是国内外出名的经济特区、现代化国际性港口风景旅游城市。

通过文史资料，我们还知道：千百年来，依托厦门这方独特的历史舞台，勤劳勇敢、聪明善良的厦门人民，在改造自然与社会、追求进步与发展、争取生存与自由、向往幸福与独立的伟大进程中，谱写了一曲曲感天动地的赞歌，创造了一个个令人惊叹的奇迹，同时也涌现了一批批彪炳青史的俊彦。如以厦门为基地，在当地子弟兵的支持下，民族英雄郑成功完成了跨海东征，收复台湾的辉煌壮举；在其前后，有发明创造"水运仪象台"，被誉为"中国古代和中世纪最伟大的博物学家、科学家之一"的苏颂；有忠勇爱民，抗击外敌，不惜以死殉国的抗英爱国将领陈化成；有爱国爱乡，倾资办学，不愧为"华侨旗帜，民族光辉"的著名侨领陈嘉庚；有国家领导人方毅、叶飞，一代名医林巧稚、著名科学家卢嘉锡，等等。他们的传奇人生、奋斗业绩所折射出的革命传统、斗争精神、民族气节、高尚情操和优秀秉性，经过后人总结升华并赋予时代精神，已成为厦门人民弥足珍惜、继承光大的精神财富，正激励着一代代的厦门儿女为建设小康社会而奋斗！

春风化雨，任重道远。通过文史资料，我们更是知道：改革开放以来，在中国共产党的正确领导下，依靠广大人民群众的聪明才智，在短短的二十多年里，我们的家乡厦门发生了翻天覆地的巨变。这种代表先进生产力的发展要求，代表先进文化的前进方向，代表广大人民群众根本利益的历史性巨变，不仅体现在城市建设、经济发展、生活改善、社会进步等方面，还突出表现在广大人民群众思想观念、道德情操、精神面貌、文明素质等方面所发生的深刻变化。

追根溯源，可以明志兴业。利用人民政协社会联系面广、专业人才荟萃、智力资源集中的优势，通过编撰出版地方文史资料，充分发挥政协文史资料"团结、育人、存史、资政"的功能，这本身就是人民政协履行职能的重要方式之一。值此四种文史资料的诞生，象征丛书的滥觞起，在充分肯定厦门发生的历史巨变而倍感自豪的同时，我们要一如既往地认真学习贯彻中共中央总书记胡锦涛在视察福建、厦门海沧台商投资区的重要讲话精神，学习贯彻中共中央政治局常委、全国政协主席贾庆林在纪念厦门经济特区25周年大会上的重要讲话精神，在致力于厦门经济特区经济建设、政治建设、社会建设的同时，从加强特区先进文化建设的高度，进一步加强政协文史工作，充分发挥政协文史资料的功能，以"厦门文史丛书"的启动为契机，严肃认真、兢兢业业地继续做好这项有意义的工作，以不负时代的重托。

我相信，有我市各级政协组织和委员、政协各参加单位的重视参与，有社会各界的支持帮助，有多年来积累的成功经验和有效做法，特别是有一支经受考验锻炼、与海内外各界联系广泛、治学严谨的地方文史专家队伍，只要我们认准目标，锲而不舍，与气势如虹的我市新一轮跨越式发展相称，与方兴未艾的海峡西岸经济区建设呼应，作为一项"功在当代，利在千秋"的重要事业，我市政协文史资料工作一定会取得长足进步，推出更多精品，发挥更大的作用！

城市历史文化，从来是反映城市前进发展中经验与教训的真实记录，是人们在改造自然与社会、创造"三个文明"的历史进程中所留下的重要印记、所提炼的不朽灵魂。以履行政协职能为宗旨，以政协编辑出版的地方文史资料为载体，通过有选择、有重点地记录、反映一座城市（或者相关的一个区域）的历史文化，自觉为建设中国特色社会主义服务，为科学发展服务，为构建和谐文化、和谐社会服务，为祖国统一大业服务，为中华民族的伟大复兴服务。这正是政协文史工作及其相关的文史资料的长处和作用，也是它区别于一般地方文史资料最重要的特色和优势。

也正是基于这种考虑和共识，在厦门市政协党组的高度重视和倾力支持下，市政协文史和学习宣传委员会认真总结近年来编纂出版地方政协文史资料的成功经验，在市委、市政府有关部门，我市有关社会机构和各界人士的帮助下，组织了我市一批有眼光、有经验、有热情、有学识的地方文史专家和专业工作者，经过深思熟虑，反复论证，决定与国家"十一五"计划同步，从2006年起，采取"量力而行，每年数册"的方针，利用数年时间，出齐一套大型地方历史文献"厦门文史丛书"。

编辑出版这套丛书的目的是，本着"古为今用"的原则，在批判继承前人的基础上，努力挖掘、整理、利用厦门地方历史文化渊薮中有益、有用、健康、进步的或者具有借鉴、警示意义的文史资料，直接为现实服务；为地方历史文物的保护工作服务，为地方文史资料的大众普及和学术研究工作服务，为发挥政协文史资料"团结、育人、存史、资政"的作用服务，为人民政协事业服务，为统一战线工作服务；为遍布海内外，通过寻根问祖，关心了解祖国和家乡过去、现在、将来的厦门籍乡亲服务；为主张两岸交流，反对"台独"阴谋、认同"一个中国"，心系祖国统一大业的炎黄子孙服务；为提高人民群众，尤其是青少年的科学文化素质、道德文明修养，培养"四有"公民，建设学习型、创新型社会，推动厦门经济特区建设实现"更好更快"发展的新目标提供方向保证、智力支持和精神动力服务。

　　编辑出版这套"丛书"的方针是，不求全责备，面面俱到，只求真实准确，形象生动。即经过文史专家的爬梳剔抉、斟酌考证，尽量选取第一手的"原生态"史料，从本市及其邻近相关区域中所传承积淀下来的文化历史切入，以厦门市为重心，适当延伸至闽南地区，以近现代为主、当代为辅，以厦门城市发展进程中具有典型性、代表性的人物事件为对象，通过"由近及远，由表及里，标本兼顾，源流并述"的方式，尽可能采取可读性强的写法，并辅之以说明问题的历史照片或画面，进行客观而传神的艺术再现。

　　我在本文的开头特别提到，春天是充满希望与憧憬的时节。反复揣摩案头上还散发着阵阵醉人的油墨芳香近日问世的四种政协文史资料读物，欣喜之余，我想到，虽然这仅仅只是成功的开篇，今后几年里厦门政协文史工作要取得预期的成果，顺利出齐"厦门文史丛书"全部读物的任务还相当繁重，但我坚信，只要我们坚持人民政协"团结、民主"的主题，相信和依靠大家的智慧力量，始终秉持春天一样的热情与锐气，始终把希望和憧憬作为自己前进的目标、动力，一如既往地追求奋斗，我们的事业将永远充满阳光、和谐！

　　是为序。

陈修茂

（作者系厦门市政协党组书记、主席）

2007年2月28日

【前言】

  历史透过城市建筑形态，发出了巨大的回响，诉说着变迁与衍生，那一圈又一圈荡起的涟漪，就像记忆的年轮深犁在城市的脸庞上，勾勒着过去与现在，连接着前生与今世。我们浏览不同年代的建筑，有如翻看城市匆匆走远而又来不及褪下背景布幕的活剧一样，不经意间探视了我们居住的城市曾经上演的剧情，找到了我们居住的城市发展的脉络，梳理了我们祖辈拓疆辟土的路径，连贯了先民们约定俗成的市井文化。

  《厦门日报》是一份与这座美丽的港城共同成长的主流报纸，它始终胸怀着关注厦门，服务厦门的理想宗旨。当厦门加快现代化城市建设，与所有历经旧城改造的城市一样，必须面对如何让展现城市人文血脉的形态标本——历史风貌建筑得到妥善保护并发挥功用时，《厦门日报》站出来了，它及时把人大代表、政协委员和市民群众的意见建议整合刊发，策划组织了政府与市民的座谈活动，有效地沟通了上下关系，形成最好保护利用城市历史文化遗产的共识与行动。

  更多的时候，新闻媒体是一座桥，一头连着市民，一头连着政府。百姓想说的，政府想做的，通过这条特殊的管道上传下达，可以很快取得认识一致的效果。

  都说"种子在适温的土壤里萌芽，策划在碰撞中闪现火花"，一个好的新闻策划是新闻人梦寐以求的。在我们幸运的背后是执着的精神——始终做读者最亲近的朋友——想他们所想，说他们所说。

这个策划的执行团队——《厦门日报》周刊部的编辑们个个是业务的好把式，卢志明是他们中的一员。这个部组建时我出任主任，"讲述老房子的故事"选题确定后，我指定卢志明参与，实事求是的说，那时的他并没有特别显露在乡土民俗的采编专长，但是我明确要求他应该从这方面突破，甚至提出他应该成为这方面的专家。事隔多年，现在想来，当时的选择也不是"拍脑袋"的，一来在平常的接触中，知道他对厦门民俗民风收集的爱好；二来当时他没有找准自己业务主攻方向，在以前的部门一直不受重用。只要我们给予阵地，指明目标，他会把握机会，努力表现的。我的话他是有听进去的，从此也非常的"吃志"，交办的任务全力去做。我不时的给他加油鼓劲，出主意提建议，也把交给他的阵地由专栏扩大到专题直至专版，给了他潜心收集研究乡土素材的机会时间和交流平台。

谈论起《厦门日报》2001年期间特别策划的关注社会民生话题的"讲述老房子的故事"系列报道活动，同行和读者至今津津有味。在我看来，这次策划不仅引发了冰点问题成热门话题，更重要的是引领社会形成一种观念，那就是城市居住文明是中国文化及其传承的核心，每一座古建筑其实都是城市生命进程中的一个节点，揭示着居住群落对城市的一种慎终追远的契机。

在一次世界建筑师的学术会议上，与会发言者同时提到中国的旧城改造模式。专家认为，"中国正在以惊人的速度发展，同时也正在以惊人的速度破坏"。他们指的"破坏"就是成片推倒的旧城改造。建筑专家指出，建筑是石头书写的历史，人们谈到保护历史风貌建筑，喜欢算经济账，认为这是花钱不讨好的事，"其实它们产出的效益往往高于地产商算盘里的数字"。厦门一位知名作家曾举了上海那座小小的城隍庙为例，说明它"造就了一个繁华的世界，活跃的商贸循环至今仍在围绕着它不断地做大"，推动城市旅游资源的增值。

城市规划难就难在如何达到一种发展与保护的协调。厦门市副市长潘世建在《厦门日报》举办的一次座谈会上，用"挑担子"做了形象比喻：一头是做大城市经济总量，一头是传承城市人文血脉，如果没有找到平衡点，城市经营的路子免不了磕磕碰碰。他还提醒在座的政府部门官员，历史文化遗产不是城市发展的包袱，保护老房子的意义超越了它的实用价值。如果历史动不动就被推土机整页整页地推翻消失，巨大的浪费不说，城市看不到自己历史的传承和发展轨迹，永远都在浮动，没有根基。顺着这个说法，保护老房子就是保护我们居住的环境，保证城市有序的发展。

一座老房子的拆倒，就是带走一段历史，就是封堵一道时间隧道的源头，我们不能让开发商的利益驱动割断人类历史的脐带。可喜可贺，胡锦涛总书记提倡的和谐社会理念深入人心，在越来越多的城市，人们重新发现智慧，重新认识生态，重新发现相处，重新认识取舍，城市经营回归文明构建本意，回归城市发展溯源。

《厦门文史丛书》编委会把卢志明采访撰写的《厦门闾里记忆》编列其中，慧眼独具，功德无量。翻看图文并茂的书样，在作者娓娓道来的叙述中，我仿佛推开历史一扇扇沉重的宅门，走进一个个真实的刹那，古城年轮、闾巷屐痕、海天情愫、文采风流，四个篇章依次展开，移步换景，美轮美奂。掩卷遐思，我完成了参与古城辉煌岁月的欢愉，体味了先民筚路蓝缕的辛苦，感悟了造屋推时算秒的用心，窥视了族亲年节礼数的奥秘，明白了两岸五缘六求的真切。

就像登上华山天险，下来站在回心石下，再回首翘望那千尺险峰，连自己都无法想象是怎样爬过来的一样，卢志明手捧自己的书稿一定感慨良多，但是他一定记起这座岛城给予的厚爱，一定记得挫折失败给予的磨炼，一定感谢厦门日报社同仁给予的鼓励，一定感念亲朋好友给予的关心。

斯大林说，伟大的目标能造就非凡的人才。我想，他是以学术成果回报了爱他的人和他爱的人。

江曙曜
2008年1月15日

| 厦 | 门 | 闾 | 里 | 记 | 忆 |

目录

古城年轮

漫步提督府后花园 / 1

闽海关故地江夏堂 / 4

埭辽水库的周凯遗迹 / 6

祥店古村走笔 / 9

重见天日的风动石 / 13

胡里山古炮台揭密 / 16

漳厦铁路承载百年梦想 / 21

皇渡庵的唐宣宗遗迹 / 26

探询鼓浪屿"领事馆"和"公馆"遗存 / 30

波光帆影忆当年 / 37

一曲绵延百年的长歌 / 42

一座连通四海的商桥 / 45

曾山：石奇林秀蕴人文 / 50

湖边水库"浮出"谜团 / 54

马銮浪涛绘诗章 / 59

许庄的最后一个新春 / 63

厦门古窑辉煌与失落 / 67

港城百年 穿越时空再现 / 71

闾巷屐痕

中山公园屐痕 / 75
探寻百家村掩藏的史迹 / 79
海渡传奇天一楼 / 84
中西合璧的红砖楼 / 88
普佑街：挥不去的情结 / 89
老街上追寻抗日遗迹 / 92
涛声遗韵美头社 / 95
闾巷深深有大观 / 98
五通古宅故事多 / 101
沧江古厝与"鲈鳗东舍" / 103
走进"浯水流芳"的村庄 / 106
小嶝：掀起盖头见大观 / 109
五娘的故里在海沧 / 113
春风徜徉古驿道 / 116
都市边缘的嘉福古寨 / 119
豪山的祠堂与古塔 / 123
金柄的古樟与古碑 / 126
寻觅厦门土楼 / 128

海天情愫

厦台探源，从洪本部开始 / 134
鹭海滔滔连台郡 / 137
卢厝：洋风乡粹构华堂 / 140
鹦哥名楼 建筑奇葩 / 145
一座老房子 两代兴学人 / 148
台湾"茶叶大王"的诞生地 / 151
佘氏小宗与塘边三楼 / 155
鼎美关帝连台南 / 157
厦门岛上的"金门"古炮 / 160

沧海横流 陈门之雄 / 163
出洋通番古新垵 / 170
马巷窗东：洪晓春故里 / 174
"山顶头"的华侨创业史 / 178
大嶝岛上的"金门县" / 185
同安朝元观 / 190
台湾邵氏的祖地柑岭村 / 195

文采风流

在老街品味人文魅力 / 200
时尚光影下的桥亭 / 205
盐溪街，飘逝的风流 / 208
探寻刘海粟的鹭岛印迹 / 211
淘洗人文星光的洪明章 / 215
五通"敬海墘"不忘"好兄弟" / 219
探访卢戆章故里古庄 / 223
世大夫第、大夫第 / 226
许厝：鲁藜故乡振文风 / 230
民居里的贞寿牌坊 / 234
古树青青 古戏悠悠 / 238
尚武之乡：丙洲的南音情结 / 243
石狮风狮守护厦金两门 / 246
陈喜亭：宣勤海外扬文采 / 251

主要参考书目 / 255
后记 / 256

古城年轮

GUCHENG NIANLUN

古城遗址，周凯遗迹，百年铁路，百年港城，解放厦门登陆点……勾勒了这个城市的年轮和依稀的童年记忆。

每个人都有自己的童年。一座有悠久历史和深厚人文积淀的城市，也一样有它的童年。童年能勾起人们最美好的回忆，在它成长之后，童年的璀璨轨迹尤其值得珍惜。

漫步提督府后花园

　　走进工人文化宫后面的厦门古城墙遗址，这里有古木参天，奇岩怪石，鸟叫虫鸣，一下子恍若进入了时间隧道，这一带正是历史上福建水师提督府的后花园，掩藏了一段闽台共治的渊源。

　　在清代很长的一段时间里，闽台两地同属于一个军事体系，台湾作为福建水师五镇之一，其总兵由福建水师提督节制。现在我们置身于厦门古城墙遗址里，这一带即为福建水师提督衙门后花园。尽管被历史的风雨冲刷了300多年，我们从一些遗存上依稀可以追寻到当年那些叱咤两岸风云、署理闽台军务将军们的风采。在一块巨石上，镌刻着"瞻云"二字，为当年驻节厦门的福建水师提督甘国宝所题。甘国宝曾任台湾总兵，清高宗诏谕："此系第一要地，不同他处，非才干优良、见识明澈者不能胜任。"在台期间，甘国宝奉令严守海疆，驱除外寇，巩固海防，并深入民

古城遗迹（白桦）

古城年轮

间,特别是原住民地区,了解民众疾苦,熟悉当地民情,倡导礼仪,鼓励耕种,促进了迁台居民和当地原住民的团结和睦,使"兵安其伍,民安其业"。当他调任福建水师提督时,百姓送万民旗、万民伞,同舟送至鹿耳门。而"瞻云"二字也涵蕴了这位将军怀念台湾之意。

曾有专家告诉我们,在现厦门市图书馆中山公园分馆的道台衙门旧址,可能也是一处闽台共治的台厦兵备道旧址。这个地方距水师提督府不过数百米之遥,确切地说,这是设立于雍正十二年(1734年)的兴泉永道署旧址。此地本名柳树河,解放初期还保留着一些道署的古建筑,可惜毁于"文革"。

关于台厦兵备道的旧址所在地,说法不一,有的专家认为兴泉永道就是在台厦兵备道的原址上建立,二者所处的是同一个地方,因为古代官署地址一般比较稳定,变动的可能性较小。在旧址上,我们另外发现鸦片战争期间英军于道光二十一年(1841年)攻陷厦门,霸占了这个道署,并于道光二十五年将其拆毁,改建洋楼,作为领事馆。当时厦门人民坚持不懈地展开反抗侵略的斗争。同治二年(1863年),清政府收回道署旧址。翌年,道尹曾宪德召工拆除洋楼,重建道署,并将这一段历史刻石存记。

水师提督甘国宝题字(白桦)

闽海关故地江夏堂

中山路的繁华已经延伸到了思明南路，在定安广场边上的一条小巷子露出了峥嵘一角，它为这个繁荣的现代都市强撑出一丝古意，它就是百年前奉旨建造的黄氏宗祠江夏堂。

江夏堂的老牌匾（杜小霞）

武状元奉旨鹭岛建祠堂

我们在采访中见到了黄氏宗亲黄先生，他告诉我们："江夏堂，中国历史最后一位钦点武状元黄培松御赐建立的黄氏宗亲总祠堂。"在这里，还掩藏了一段古码头和闽海关的故事，这一带，老厦门人至今仍称为后路头，闽南话中的'路头'即是码头，因此可以想象当时的码头就在我们这繁华都市的脚下。尽管现在古码头了无痕迹，只存地名，但它所蕴含的史迹却抹之不去。清政府平定台湾后，于1684—1685年，分别设立闽、粤、江、浙四个海关。闽海关设立在养元宫旁，即现址钱炉灰埕巷2号（文安小学校园内）。闽海关归户部衙管辖，被称为"户部衙"。后来在闽海关旧址建黄姓祠堂"江夏堂"，因此这里又称"户部黄"。闽海

江夏堂的神龛（杜小霞）

从路边观江夏堂（罗维维）

关从1686年开关至1909年迁徙今鹭江道（海关现址），历200多年。

缓缓步入江夏堂，占地1万多平方米的建筑群，建制规格相当高，是当时清朝皇帝下旨建造的。在黄氏的族人中，清朝末年出了一位足以让他们光宗耀祖的末代武状元——黄培松。光绪六年（1880年），南安县仁宅乡武举黄培松荣中庚辰科殿试第一甲第一名，钦点状元及第，成为中国历史上最后一位武科状元。黄培松状元及第后，钦授一等侍卫，出任广东参游、琼州总兵、记名提督等。开始了他光宗耀祖的黄氏祠堂的选址，并在族人的支持下，在闽海关旧址筹建江夏总堂。

辛亥革命后，授予他将军衔，任福建护军使。1913年11月29日，当局任命他为厦门要塞总司令官；12月21日，加封漳泉总司令官。在厦门，除江夏堂之外，厦门的鼓浪屿还留有黄培松将军的题刻，可见这位武状元文采也非凡。

历沧桑古祠又逢春

清宣统二年（1910年），江夏堂开始兴建，直至1918年才完成全部建筑，前后历时8年。原建筑群由紫云屏、拜庭、宗贤堂、祖堂、后花园、望海亭、宗亲会馆及江夏小学堂组成。现仅存祖堂一座，占地约200多平方米，这座祖堂所幸在历经沧桑中保存下来了。早在1983年，江夏堂的另一主体建筑宗贤堂遭拆毁。尽管它早已被列入危房，但是进入其中，它那特殊的屋顶井藻结构和精湛的工艺仍令人赞叹，拜台上华丽的装饰仍然金碧辉煌，美轮美奂。前些年，在《厦门日报》的强烈呼吁下和有关部门的支持下，它现在已被列为市第五批文物保护单位。据说修建工作也即将展开。

如今，江夏堂的背后仍蕴藏着许多著名的古巷。诸如养元宫、二舍庙、石坊横巷、武当分镇横巷、青墓巷、相公宫巷、水仙宫巷、通奉第、大字酒、小走马路等。

埭辽水库的周凯遗迹

湖里区将以金尚路与环岛路交叉路段的埭辽水库为中心，建设埭辽公园。清朝道光年间，兴泉永兵备道道台、《厦门志》的总纂周凯曾在这里建设水利工程，现在这里将建成公园的消息使人们重新关注这一历史遗迹。

我们来到金尚路与机场路交会的路段，转入一条新建的支路，一汪碧波的埭辽水库出现在我们的眼前，熟知这一带情况的林庆明先生告诉我们，这是一个在海滩上围建成的淡水水库，还有一个古渡口——埭辽古渡。

双宫涵：鹭岛古代水利工程的杰作

在埭辽水库，林先生指着一段古堤岸告诉我们，这一带在清朝时候称为湖莲保。因濒海，筑堤为护。当地人呼堤曰埭，即海岸。呼田曰埭田。清朝乾隆嘉庆年间，埭田时常为海水所侵。到了道光年间，驻扎厦门的兴泉永海防兵备道周凯到任时，薛姓的田主将田献出作为义仓，周凯为其所感，于道光十五年（1835年）在这里筑石堤近213丈（约710米），土堤117丈（约390米），经半年建成。我们在现场看到的就是历史上遗存的一段土堤，其外侧是石堤，堤外当年就是大海。林先生又领着我们查看了一处遗迹，他说，周凯并不是建堤了事，而是很巧妙地在建堤之后又引泉凿池，开沟为潴储，设涵洞以利启闭。我们见到了一处叫作双宫涵的遗迹。林先生说，历史上双宫涵在出海口，每逢雨季，岛上数十平方公里流域的雨量

古城年轮

汇集而下，成了埭辽水库的丰富水源，但也会成为洪灾。因此双宫涵就发挥作用了，水量大时，开闸泻洪，天旱时，埭田则可用所储之水灌溉。因此这一水利工程，让当地民众受益百年。林先生说，他从小生长在这里，一直到20世纪80年代，这里还有一大片稻田，他亲眼看到双宫涵还一直在发挥作用，我们在古堤边的一座古庙前发现了一块斑驳的石碑，碑上镌有文字：

几碑（郑宪）

本道周示：附近各乡村居民人等知悉，林后乡埭田今已归义仓管业，并非薛家之物。尔等务须约束子弟，毋许再在田间偷取五谷、茅草，私挖岸石，毁掘沙土、涵枋等。须知敢故违，立拿重究不贷！特示。道光十五年七月。

石碑中的"本道"即兴泉永道，"周"即周凯，后来调任台湾道。这处史迹无疑是一处富有文化内涵的遗存。

埭辽水库里的双宫涵遗迹（林庆明）

埭辽古渡诉说历史遗迹

埭辽古渡，在史书上不见记载，但却与原穆厝东埭港、钟宅湾、黄水桥古渡同等重要。因为当时这一带与金门、泉州、漳州的水上交通十分发达，据一位林后村的老先生叙述，在此停靠的帆船，载重量可达三四百石，渡口附近还有一排店面，主要是"红料"店。所谓的"红料"，就是砖瓦等建筑材料，还有轿行、旅店等。红料中有一种砖称为"雁字砖"或"油标砖"，当时厦门的一些豪宅都用它来做外墙的建筑材料，莲山头即存有一幢百年的红砖豪宅，厦门人又称这种楼为"红砖仔楼"。

莲山头百年红砖楼（郑宪）

我们转向高林的莲山头，见到了一栋历经沧桑的大红砖楼，曾经担任过生产队长的林九定先生说，这栋红砖楼已经有100多年历史了，是当年村中一位往马六甲创业的华侨回乡来建造的。当时许多建造材料是从南洋运来的，船就停在与埭辽古渡相邻的五通古渡，然后再把材料转到村中。这栋百年历史的红砖楼，可谓历经劫难与沧桑，日本侵略者侵占厦门时曾经要放火烧这栋红砖楼，但是并未能烧毁它，只是现在楼的西面仍留下当时被火焚烧的痕迹。东面有许多小孔和伤痕，老队长说，这是20世纪50年代两岸军事对峙时留下的炮痕。

我们进入大院，门庭上一副对联："苔痕上阶绿，草色入帘青。"遒劲的书法，气派的门庭，仍然在叙述着昔日的辉煌。不过现在这栋老屋年久失修，已岌岌可危，不免让我们在观赏中留下些许忧虑。它的存在也许与埭辽水库一带都有着深远的渊源，因此当地的民众也都希望能够多发现和保护埭辽水库一带的人文印记，让今后的埭辽公园有其特有的文化内涵，希望今后埭辽公园将给人们一个幽雅美丽、富有文化内涵的美景。

祥店古村走笔

它本来就不是一个普通的村落，面临鹭江之水，背负关刀山之翠，数百年的营建，使它有此恢宏的气度；鹭岛的灵秀，让它蕴育出代代人才。朱瓦红砖，浸透着百缘千情，飞檐翘角，阅尽了人间沧桑。2002年，它是厦门岛内唯一的一处完整、原味的城市童年景观。

百年文脉情缘

"鹭门人海万浮萍，中有闲鸥聚三五……" 沿鹭江上溯，这里原来是厦门的古渡口，至今仍留存着一个古老的闽南民居村落——祥店社。数十幢气势恢宏、古意盎然的闽南红砖大厝在这里矗立。祥店居民大多姓黄，据说黄氏先人因此地地形坐东向西，旁有溪流，面临大海，景色秀丽，便视为风水宝地，遂带族人迁此，至今已有数百年。

明清以来，黄氏族人纷纷漂洋过

祥店一瞥（白桦）

海，下南洋以求生存与发展，其中尤以菲律宾为最。至今祥店居民90%为侨属，是厦门岛内最重要的侨乡之一。黄氏族人在异邦筚路蓝缕，奋斗拼搏，而身在他乡，心系唐山，有所积累，便于故乡祖居地构筑家园。至今留存的这些闽南红砖大厝，其宅龄多在200年左右，最古老的近260年，最年轻的也有110多年。

祥店历来重视人文教育，人才辈出，如清代就有乾隆年间的奉政大夫黄尚瑾、黄爵业，清政府首任驻菲律宾宿务名誉领事黄妈元，光绪年间的奉政大夫黄潮卿等。黄潮卿尤其值得一提，此人素重情义，勇于任事，名扬禾山一带，民间流传"田头孙高声，祥店黄潮卿，坂尾王仔命，钟宅钟文景"，均为一时之选。光绪年间，法军侵扰我福建沿海，禾山倡办团练，成立保董公会，黄潮卿被推举为总董。鸦片战争后，厦门鸦片之

古民居的内景（白桦）

旧村改造前的祥店古民居群（白桦）

古城年轮

祥店古民居的古家具（李世平）

祸愈演愈烈，宣统二年（1910年），禾山设立去毒分社。1914年，再设禁烟分局，思明县知事钮承藩复以黄瀚、黄必成（字潮卿）长之，实行拿犯科罚，整肃烟禁。

在祥店，有一独特的人文景观——祥店姐仔。当时黄姓族亲成家后大多携眷往南洋创业经商，留下侧室或婢女看守家业，即便年老从海外落叶归根，返乡养老，家中照旧由姐仔主事。据说当年要是说某人是姐仔生的，就会被人打嘴巴惩戒，足见姐仔在祥店社会地位的微妙。由于近代文明较早进了这个古村，祥店较早摆脱了封闭与保守的惯性，观念较为开放与明达。清末民初，从私塾学堂、祥店女学，到后来的男女兼收，直至筹资创办祥店小学。当时的祥店"家长"黄士衡功不可没，开了禾山办学之先河。生于光绪年间的黄萃庭在南洋学医回国，于祥店开办医药局，以西医著称。他倡导乡民定期消毒村社周围环境，在社边厕所倒入汽油，消灭滋生蚊虫。而在古厝群中的医药局，那座古洋风格的拱形大门似乎仍在诉说着厦门乡村社会变迁的一幕。

凝固历史记忆

祥店古厝老墙上斑驳的旧痕，依稀地记录着这一幕幕厦门近代史的风云际会。祥店古村有历尽沧桑的身躯，诉说着"一砖一瓦，恒念物力维艰"。房檐下宽近1米、长逾6米的石条，当年从泉州车载水运而来；直径约50毫米，长逾10米的巨杉，则从南洋载来。木工、石工、泥水匠各施其艺，为一幢房屋要劳作数年。每幢房屋落成连同家具制作，要三至五年才能竣工。有专家指出，祥店村的红砖民居建筑群，在厦门岛上早已是绝品之作。因为从20世纪初以来，民居已被工效快的新建筑、新工艺取代，因而现存的红砖古厝，极富文化艺术价值，有识之士备加珍爱。在金门的红砖大厝组成的民俗文化村，其规模、气势远不能与祥店相比，祥店古民居群宏大的规模、原汁原味的遗存正是闽台文化同源的有力见证。

更能令祥店村引以为豪的是，自建村之始，祥店村的黄氏族长，都要对每幢房屋的用地位置进行规划，使建筑群布局合理，错落有致。在此基础上各家装饰自主，繁简自度，尽管全村各房屋面积不一，竣工时间不一，却有如成片同时构建，总体风格和谐。此外，黄氏先人还充分考虑到村落防盗防匪的功能需要，特意在村庄两角配套构筑了两栋更楼，居高临下，夜间专人守望巡更，加上社里通电，装有路灯，巷道尽头设有隘门，构成了牢固的防护体系。闽南村社的优良传统——守望相助，于此展示得淋漓尽致。不仅如此，村内有学堂、药局、戏台、祖祠、寺庙，巷廊相通有序，且设有巷门、隘门，均标志着这些先民公义精神和选地、规划、美化等方面的智慧。对村落的探访，可以追寻到先民们辛勤劳作的遗迹和安居乐业的意趣，和平生活的理想。

重见天日的风动石

曾听说厦门岛上有块风动石称为"灵岩",虽志书有载,但请教了多位文史工作者,均不知下落何处。近日,我们得到消息,称风动石重见天日了。我们从思明南路进入巡司顶巷,来到碧山岩,找到了这块由于历史原因曾"沦落"为民居垫底石的厦门岛上自然奇观——风动石。

碧山岩即将复建,古寺旧址当时刚对一些民居进行拆除,我们到现场时,已成为一片旷地,周边怪石嶙峋,但见一块奇石,玲珑剔透地矗立在古寺的废墟当中,似乎心有灵犀,我们在"满目皆石"的环境中一下子就认定:它就是风动石。碧山岩的诚信法师、月妙法师证实了我们的判断无误。只见这块自然瑰宝活脱像一株大灵芝,再换个角度看,酷似大鹏回眸。石上刻有"灵岩"两个大字,还有几行小字,已难以辨认,可见历史久远。镌刻的字虽已斑驳,巨石却灵气仍在。"灵岩"属花岗岩海蚀地貌,长约6米,宽约2.3米,高约4米,石上有多处海蚀洞穴,由"天公之手"放置在另一块磐石之上,底部与磐石的接触点不到1平方米,显得尖瘦,在万石丛中,别具风姿,真是鬼斧神工,天造地设。数十年来,碧山岩成了居民住所,许多民居搭盖在这里。这块风动石成了一处民居的垫底石,就这样被掩藏了。现在寺庙即将复建,"灵岩"刚从民宅中清理出来。据说它就是《鹭江志》中记载的风动石。

那么"灵岩""灵"在何处呢?它果真遇风能动吗?这时并无大风,有人提议用根竹筷顶在"灵岩"与磐石接触的细缝中,然后人推动巨石,看是否能把竹筷压弯,来证实它的灵气和能够"风动"的效果。但法师却

碧山岩风动石——灵岩（郑宪）

碧山岩"碧泉"石刻（郑宪）　　　　药皇圣帝碑记（郑宪）

哈哈大笑，说这也太"小儿科"了，来，我们马上让它动起来。几个人摇动起这块少说有数十吨重的巨石，石底下还发出鸣叫声，尽管我们花的力气不多，巨石明显地抖动起来。众人无不称奇。现场有人指出，全国有多处风动石的景观，真的能够这么灵动的前所未见。

　　碧山岩原是厦门二十四景之一，称为"碧山飞泉"，寺内供奉"药皇圣帝"。这里至今还存有多处摩崖石刻，在"灵岩"后方的一块巨石的岩壁上有这样的记述："岩背山面海，为鹭江胜景之一。树木葱茏，云霞变幻，仰观俯察，气象万千。庭有石，曰'灵岩'，雌虎产于中而穴焉。风日晴和，盘游石上，倏现倏隐，见者辄称瑞物，实山川灵秀所钟。"据法师说，"灵岩"后原有一泓碧泉，历史上，寺内的僧人用这里的泉水炼制中药，施舍给百姓治病，颇为灵验。可惜，这处泉水已经枯竭，只留下寺后岩壁上镌刻的"碧泉"石刻。但寺内仍存有古井一口，据说井水甘甜，堪与碧泉媲美。在碧山岩旧址清理中，近日又发现了乾隆五十六年（1791年）的"疏通水道碑"和嘉庆十四年（1809年）的"药皇圣帝殿碑"。

胡里山古炮台揭密

《厦门日报》纪念抗战胜利60周年的特刊刊出后，一张日军占领胡里山炮台的老照片引起了文史专家胡汉辉先生的关注。历史的机缘促使我们重访了胡里山炮台。积淀了百余年的历史风云，炮台的建造背景，曾经演绎过的历史奇计，随着专家的解密，一切显得那么新鲜。因为这是一段被重新认识和发现的历史。

诞生于危难之际

1895年在中日甲午海战中，北洋水师全军覆没，已经相当严峻的局势更加艰危。而胡里山炮台正是在这个战役之后修筑的。炮台的建成昭示了中华民族不屈不挠的精神，这在今天看来仍然具有相当现实的意义。

胡汉辉先生领着我们来到炮台威武的克虏伯大炮旁边。百年古炮依然雄姿英发，炮管笔直地伸向前方，略带锈迹的炮身使大炮多了一层历史的沧桑。我们脚下的"战坪"也依然坚固无比，它是炮台以柔克刚的巨大的"防弹衣"。眺望着远处苍茫的大海，胡先生向我们讲述了筑建炮台的历史背景，"甲午海战惨败之际，中国东南沿海却还在新建一个具有战略意义的炮台。这是中国人不可战胜的性格写照，也是中国人不屈不挠的民族精神的体现"。北方失势，战事失利，但南方还在加强海防力量，购进德国先进的280毫米克虏伯巨炮，并且聘请普鲁士将军的儿子、德国军事专家汉纳根为厦门胡里山设计半地堡式半城垣式的海岸炮台。

古城年轮

　　从今天看，炮台的设计相当科学，比如炮台的指挥所、兵营都沉降在炮台水平线7.5米之下，炮台的大弹药库设在距大炮约200米之远处，这样在战争过程中就不易遭受到打击。先进武器加上训练有素的军事人才，胡里山炮台终于屹然挺立于危机中。

注入当代人文内涵

　　《厦门日报》刊登的纪念抗战特刊中有一幅珍贵的老照片：几名耀武扬威的日本兵站在胡里山炮台的大炮前。胡汉辉先生解释，照片中的炮台实际是西炮台。但现在那门大炮因某种原因被毁了，只留有掩体，而这掩体是1937年8月厦门守军司令、157师师长黄涛修筑的。

　　胡汉辉将其在胡里山炮台的工作描述成"寻找失去历史记忆的世界记忆工程"的过程，然而"守护历史的同时，我们还要注入新的人文内涵"。在这个信念的引导下，如今的古炮台旧貌依然，新颜又添。随着胡

胡里山炮台（郑宪）

1890年，中国留学生在德国学习克虏伯大炮实弹射击技术（郑宪）

里山炮台名气渐增，前来参观的游客越来越多。如何有效地保护炮台的主体文物？贝聿铭为法国卢浮宫设计玻璃金字塔的例子给予苦恼人启迪："贝聿铭用玻璃金字塔分流游客，我们也可以新开辟一处景点分流游客，保护主体文物啊！"于是胡里山人将炮台"后山"修整，植树种花，并开辟了"五泉"，使"后山"成为游人休憩游玩的好场所。从炮台东门进入，迎面便是"盾泉"，一块块高大的巨石砌成的瀑布中央是青铜狮头的盾牌和刀、枪、剑雕塑，寓意着保卫海防的威武士兵。再向北门移步，一把"利剑"直插巨石，喷出水柱，这是后山的"剑泉"。它寓意炮台的克虏伯巨炮犹如一把利剑，扼守在海防要塞上。后山还分散着"戎泉"、"生命之泉"，等等，这些造型各异的雕塑展示了胡里山炮台的人文信息与不朽的历史价值！

胡先生领着我们走至西门的"磊泉"边，笑着对我们说："你们看这景观取个什么名字好？"我们放眼望去，对面即是夕阳下渺渺烟波的大海，演武大桥宛如凌波卧海的巨龙盘旋在海上，而在我们的后面，是一座威武的古炮台，仿佛一只猛虎雄踞在海岬上，"好一幅'虎踞龙盘'的景致"！我们不

古城年轮

禁赞叹。

胡汉辉先生至今还记得2003年与英国大英博物馆馆长的一次侃谈。在大英博物馆里，他们谈起了厦门胡里山炮台和"世界古炮王"，在亚洲馆里观赏了中国文物，看到了泉州清源山老君岩的照片……这时两个不同国度的文化工作者有了一个共识，"不管是老君岩还是胡里山炮台，这些历史文物不仅仅是厦门或者是中国人民的，它更是全世界人民共同享用的精神、文化遗产，它是属于世界人民的！"的确古炮台凝聚了中国近现代史百年风云，是爱国主义教育的重要基地，它所传递的历史战争文化信息应被全世界共同享用，而这也是胡里山炮台的人文价值所在。

古炮台的三大闽南地方特色

胡里山炮台的台心水池，战坪用料和生活石具可以说是古炮台的三大闽南地方特色。

东南沿海古炮台除了长门炮台之外，很少有在炮台中心建造水池的现象，而在胡里山炮台的台心却建有水池，这引起了人们的遐

古炮台榕荫（郑宪）

百年古炮首次大"体检"（郑宪）

想。有人猜测水池是大炮的冷却池，而且还揣测"克虏伯大炮最大的缺点是每半小时打一发炮弹，每打一发炮弹，炮管就发红，必须用冷却池的水来冷却炮管"。事实上，是因为炮台周围淡水资源匮乏，在台心建水池，是为了蓄积雨水，供炮兵平时擦拭大炮外表尘埃，以及作为战时的消防、后勤等配套用水。闽南民间大厝中，在大院里建池蓄水是常见现象，炮台的台心水池，是借鉴了闽南民居建筑的做法。

　　斜躺在炮台前面的战坪，是于100多年以前，用石灰、糯米浆、乌樟汁、红糖水等搅拌的三合土夯成。由三合土建成的战坪，坚韧无比，就像巨大的"防弹衣"，保护炮台和炮兵不受敌方射来炮弹爆炸以后产生第二次"弹片"杀伤。1937年9月至1938年5月对日军的鏖战、1958年炮击金门的炮战，证实了这种"防弹衣"所起的重要作用。而这种建筑用料的配方是闽南人长期建筑经验积累的成果。

　　这里所说的生活石具，主要指的是石磨、石臼等。在清理古炮台土层中，发现多个这类文物，可见当时逢年过节时，炮兵们用它来磨面、舂米，真是别有一番风味。

漳厦铁路承载百年梦想

厦深铁路、向莆铁路2007年11月23日正式开工，这是厦门乃至福建铁路发展史上的一件大事。其实在海沧嵩屿，曾诞生了福建省第一条铁路——漳厦铁路。在这条铁路开工建设100年之际，我们走进嵩屿码头，追寻铁路的遗迹，揭秘这段尘封的历史。

一段没有到达厦门的漳厦铁路

嵩屿，在海沧区贞庵村，这个曾是岛屿的地方，在历史上隶属于海澄县，如今成了一个与厦门相对的岬角，早已寻不见岛的形态。村里的老人说，早时人们为了过海到厦门建了一个码头，称为嵩屿码头，而百年前漳厦铁路的车站就建在这个码头的边上。据说几年前在这里还出土了一块镌刻着"漳厦铁路"的石匾。

我们随着贞庵村的村民林红森走上了嵩屿码头，数十条渡船横陈在码头周围，几只白

漳厦铁路旧影（洪卜仁）

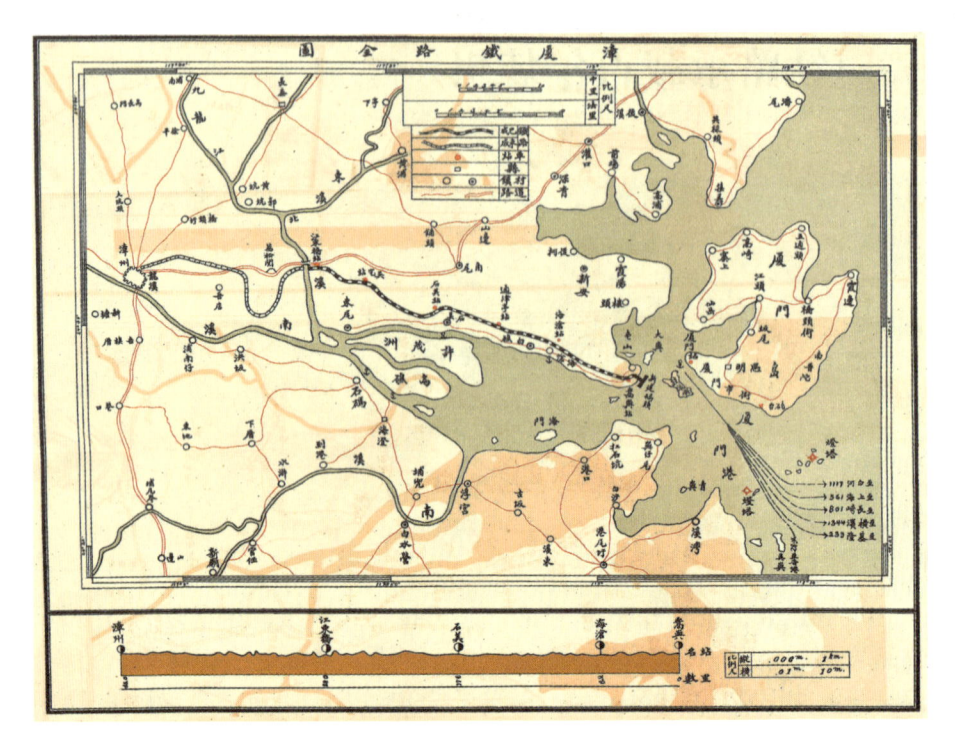

当年漳厦铁路全图（白桦）

鹭在船间翻飞，与之相邻的嵩屿港区、海沧港区则是另一派繁忙的景象。每天来自世界各地的轮船在此停靠，装卸大量货物后又匆匆启运，"海沧大桥还未建成前，这里估计有上百条船，捕鱼、客运、货运开展得有声有色"。林红森说："当年从漳厦铁路运来的旅客、货物等，也是从这里通过渡船送往厦门。"

漳厦铁路筹办具有鲜明民族意识

漳厦铁路于1907年5月动工，历时三年半，至1910年12月，仅修成漳州市郊江东桥至厦门对岸嵩屿的一段铁路，并投入运营，全长28公里。原来，百年前的漳厦铁路既没有跨海到厦门，也没有越过江东桥抵漳州，因而被称为"盲肠铁路"。

漳厦铁路作为福建省第一条铁路，在历史上应有其重要意义和价值，早在1956年10月21日，洪卜仁老先生就曾应《厦门日报》之约，写了《漳

古城年轮

厦铁路丑史》一文。前天，我们又采访洪老先生，他说：19世纪90年代，帝国主义列强扩大对中国的经济侵略，并展开侵占我国路权的剧烈竞争，法、日两国各为自己的利益，更是展开对福建兴建第一条铁路筹办权的争夺。当时全国掀起了挽回路权的群众运动，揭发法、日"各欲争占路权以扩张其势力"的阴谋，在厦出版的《福建日日新闻》发表社论，指出"铁路为一国存亡之所系"，提出自办铁路的主张。1905年，由张亨嘉等发起组织商办福建全省铁路有限公司，推举原内阁学士、帝师陈宝琛任总理，章程规定："本公司专招华股，凡我华人之侨居外洋各岛者，但查系华人，即得与股。"并且强调："如有为外国人代购股票，及将股票转售、抵押于外国人者，本公司概不承认。"体现了强烈的民族意识，维护了民族尊严。

铁路兴建凝聚了爱国华侨心血

漳厦铁路的兴建，商办福建全省铁路有限公司以招股的形式筹集资金，但经过一再努力，实际到位资本只有240多万元，离全部股金招齐的600万元相距甚远。当时得到了华侨的积极支持和参与，陈宝琛也曾亲自到

漳厦铁路贞庵路段的涵洞（郑宪）

南洋的槟榔屿、吉隆坡、爪哇、万隆、三宝垄等地，向华侨筹募路款，得到当地爱国华侨的热烈响应。在越南经营大米生意致富的陈炳煌等人，因本身即是厦门海沧人，对铁路建设更是倾尽心力，提供资金支持。在当时实际招募到的股金中，其中东南亚各地的闽籍华侨买股170多万元，占全部资金额的三分之二强。正是有了华侨的支持，漳厦铁路才在百般艰难中诞生。

漳厦铁路通车里程很短，但它的建设成功，毕竟在福建铁路史上写下了开创新篇的一笔。后来，铁路的经办权几经转手，到了抗战爆发时，漳厦铁路已经废弃。然而漳厦铁路在那样的历史背景下，由中国人自己设计、建成且全面投入营运，本身就当被视为是一项首创的奇迹。

28公里的路程要走3个小时左右

在青礁村村民颜有能先生的指引下，我们找到了在青礁村的一段铁路路基，一旁还有一个小站台。"1998年7月10日，投资约2亿元的福建省重点工程海沧铁路支线正式开工。支线全长19.3公里，部分路段与当年的漳厦铁路重合，我们眼前看到的这段铁路就是旧路新用，而旁边的站台则是海沧铁路的新站台。"颜先生指着铁路说："你瞧那几根枕木，就是当年的漳厦铁路留下的。"我们顺着颜先生所指的方向看去，果然有几根枕木无论颜色还是材质都与其他的很不一样。"这附近还有几幢古厝，屋主就是当年捐款修这条铁路的华侨呢"，颜先生说。

我们沿着村道进入村中，据村里的老人颜明远介绍，1905年，闽籍京官光禄寺卿张亨嘉等发起组织商办福建全省铁路有限公司，并推举陈宝琛任总理。获准后，于光绪三十二年（1906年）7月7日正式成立商办福建全省铁路有限公司。

1910年，漳厦铁路嵩（屿）江（东桥）段通车，方便了过往旅客和货物的运输。但是据曾坐过火车的老人回忆，当时的火车车速非常慢，从嵩屿到江东28公里的路程要3个小时左右，而火车的车厢是"半遮拦"式的，虽然车厢上面搭了个顶棚，但坐在上面就像是坐着老爷车。当时还流传着一首打油诗："农夫坐火车，斗笠被风吹；下车拾斗笠，火车犹可追。"

虽然有点夸张，但说明火车的营运对象主要是农民和乡村的商贩，而火车的车速相当慢。1938年厦门沦陷后，为防止日军利用铁路攻打漳州，国民政府的福建省政府拆毁并卖掉铁路器材，仅剩下荒废的路基和残破的站房。

18米长的铁路涵洞战时可用来防空

据说贞庵村里还留存着一段百年前的铁路路基，我们特赶往寻访。时值正午，步行几分钟后，便看到了掩映在一片浓浓的绿荫下的铁路基石，上面长满了野草。沿着铁路基石延伸的方向望去，繁茂的枝叶和野草就像是一条长堤，守护着沉寂百年的铁路基石。据一位70岁的村民江老伯介绍，现在还依稀可见的铁路基石大约有两公里，保存比较完整的有七八十米。我们眼前的这段恰好是比较完整的，可以想见当时工程初竣时的气派。

从村中老人口中得知，村中这部分正是漳厦铁路的一段，因在贞庵村，所以又叫作"漳厦铁路贞庵段"。顺着基石向前走，我们看到一个铁路的地下人行涵洞，两边呈八字开，花岗岩质地，石头颜色已经变成青黛色，显得格外古朴。涵洞高约两米，宽约1.5米，洞顶成弧形，洞壁直立如刀切，十分光滑和整齐，可见当时的建筑工艺十分精湛。洞长18米，人走在洞中，微风从身旁穿过，让人顿有两翼生风的感觉。洞口两旁的条石不是一般的矩形形状，有些类似菱形，江老伯告诉我们，这种设计方式是为了更好地让雨水下流。他还说，像这样的涵洞一共有三个，除了供过往行人穿越铁路及排泄雨水外，它还有一个用途，就是作为战时防空洞。"日军侵占厦门时，每当听到空袭警报，村民们都会躲到这些涵洞里来。大概是因为这些涵洞用石料砌成，感觉比其他防空掩体更坚固、更安全"，江老伯说。

现在海沧铁路支线与当年漳厦铁路重合（郑宪）

皇渡庵的唐宣宗遗迹

苏营世代流传宣宗故事

  皇渡庵，在后溪苏营，曾是唐宣宗遁迹厦门时的登岸地。
  我们乘车赶到了苏营的皇渡庵，这座规模并不大的宫庙，为什么称为皇渡庵？年长的村民都会脱口而出：古时候，有皇帝到过我们这儿。村民苏老先生还告诉我们一个在这里世代流传的故事：苏营边上的苎溪当年溪宽水深，直通大海，唐朝时宣宗在暮色茫茫中弃舟从这里登岸。可这里前不搭村后不挨店，只好借宿在溪边养鸭的苏公陈婆搭建的草寮。苏公陈婆见客人既饥且渴，又没好物招待，陈婆只好摸黑到一里多路的苏营村水井汲水，用草寮中唯一的高粱米熬粥，以海滩上拾洗的"土鬼烩"（一种海产的贝类动物）做菜。唐宣宗饥不择食，吃得津津有味，还问这是什么饭菜。苏公陈婆愣了一阵，一时答不上来。这时他们看到宣宗碗中的稀饭，那熬开的高粱米就像一粒粒的珍珠，而那一颗颗晶莹的"土鬼烩"，更像是凤凰的眼睛，老两口随便说这种饭菜叫"珍珠粥、凤眼烩"。后来宣宗回京当上皇帝，有次龙体欠安，宫中百种佳肴都不合口味，唯独想到"珍珠粥、凤眼烩"。可是宫中的厨师，谁也做不出这种饭菜。皇上发火，骂宫中的厨师不及乡下的老妪，于是下旨调苏公陈婆上京。苏公陈婆奉旨进宫，又为皇帝做了"珍珠粥、凤眼烩"的饭菜。皇上今非昔比，喝上一口，觉得粗糙难咽，问明原委，苏公陈婆如实以告，皇帝感念他们困厄中相助，欲

为苏公封官,苏公坚辞,陈婆恳求皇上为家乡百姓解除旱田之苦,皇帝允诺。苏公陈婆归返故里,朝廷命有司在苎溪上游(现在坂头水库一带)筑陂,引水灌田十余里,苏营从此开始播种水稻,而后苏公陈婆被里人奉为"田祖",于其旧居立庙,四时供祀。《同安县志》有关于"陈婆陂"记载:"在苎溪山下。"《闽书》:"唐宣宗遁迹过此,有陈婆者进麦饭。问之,以'旱田'对,命有司筑陂,故名。"

苏先生还告诉我们,解放初,他是个年轻人,参与过对陈婆陂的维护。当时这道陈婆陂长愈百米,与其衔接的古水道十余里,灌田数百顷。如果不是皇帝下旨,这处穷乡僻壤哪来巨资建造这项水利工程。陈婆陂在后来修建坂头水库后,湮没在库区里了。

皇渡庵(郑宪)

宣宗为何遁迹闽南

　　唐宣宗李忱是宪宗李纯的第十三个儿子，他在唐穆宗长庆中（821—824年）被封为光王。他的哥哥穆宗和3个侄儿敬宗、文宗、武宗依次登基坐上龙椅，他不但没有登上皇位，还受到武宗皇帝的忌挤。开成三年（838年），李忱只好"寻请为僧，行游江表间"。颜立水先生说，据有关资料，唐宣宗母亲萧太后是泉州晋江东石萧厝人（另一说是其哥嫂），唐宣宗是为寻其亲而来闽南。此事在《新唐书》还可以找到蛛丝马迹。

　　唐宣宗遁迹闽南时也曾在同安多处留迹。同安的大轮山梵天寺，始建隋唐，相传唐宣宗到此曾在达夫岩下掬饮泉水，因而泉名"圣泉"，"圣迹泉洌"也就变成了"轮山八景"之一。唐宣宗游了梵天寺，又到县西的夕阳山，现海沧区天竺山。明代同安文人林霍《银城怀古赋》有"夕阳为唐宣宗遁迹之山，龙窟乃宋幼主经过之地"的文句，明代泉州府同知丁一中《游真寂寺》有"观瀑尚留归海句，澡身犹见浴龙湾"的诗咏。这些文章诗歌，都载叙着唐宣宗在夕阳山（天竺山）的踪迹。

　　天竺山位于古同安县之西，山清水秀，当时交通相对闭塞，便于藏身。所以李忱在皇渡庵登渡后，最后选择了在天竺山"居邸三年"。

龙井（郑宪）

皇渡庵与台湾有渊源

我们徜徉在皇渡庵前，周遭净是楼房，很难想象唐代是处古渡口。不过当地村民告诉我们，二十几年前挖圳渠时，古庵边上发现了船锭和石阶，证实当年的皇渡庵是处渡口。原来，为了纪念宣宗登渡的圣迹和缅怀苏公陈婆为民请命建陂引水，村民们早就建造了皇渡庵，供奉苏公陈婆。后来又供奉保生大帝及其徒弟、原祀在海沧天竺山下玉真法院的飞天大圣。两百多年前，苏营的先民赴台开垦，把飞天大圣请到了台湾，特别是苏营与台北广照宫还有深远的渊源，从台北广照宫保存的皇渡庵古印和木板符令中"龙泉古地"字刻以及楹联内容看，广照宫供奉的飞天大圣，确是清代道光年间从同安苏营迁建后的皇渡庵搬请过海的分灵。

近来海峡两岸民间往来密切，与海沧玉真法院、苏营皇渡庵失去联系多年的台北广照宫，派人前来寻根，从庵内"天上无私吾亦无私正是替天行道，人间有善民能有善自堪为人不惭"的石刻楹联得到确证，因为这副楹联也正是台北广照宫历来沿用符令中的联对，是两宫木本水源的印证。

皇渡庵的精美雕塑（郑宪）

探询鼓浪屿"领事馆"和"公馆"遗存

　　音乐和建筑艺术是鼓浪屿的灵魂，提到建筑就不能不提及鼓浪屿的外国领事馆。

　　1843年11月2日厦门辟为通商口岸，与此同时，英国在鼓浪屿设立了领事事务所。继英国之后，美国、西班牙两国相继在鼓浪屿设领事，其他国家则以商人、洋行经理等兼任领事在鼓浪屿活动。第二次鸦片战争后，英法联军以战胜者的姿态，迫使清政府签订《天津条约》和《北京条约》，开放天津、牛庄等十个城市为商埠，外国人取得在我国腹地游历、传教与内河航行的特权。法国、德国、日本、荷兰、丹麦、瑞典、挪威、葡萄牙、比利时、奥地利等国人士，蜂拥踏上了鼓浪屿，使这个弹丸之地成为各国领事馆的聚集区。1902年，清政府被迫同日、美、德等签订了《厦门鼓浪屿公共租界章程》，鼓浪屿被列强正式明确为公共租界。共有10多个国家曾在鼓浪屿上设置过领事馆。

　　有消息报道，厦门鼓浪屿的原美国领事馆将开发成为租界历史博物馆，自然风景迷人的鼓浪屿又多了一处文化旅游的好去处，游客们只要到这栋老别墅式的"领事馆"走一遭，就可以了解鼓浪屿当年沦为"万国租界"的沧桑和那段具有特殊反思意义的历史。除了美国领事馆，岛上还有日本、英国、荷兰等十几个国家的领事馆遗址。近日，我们登上鼓浪屿，开始了一趟不同寻常的探寻"领事馆"之行。

古城年轮

日本领事馆（白桦）

日本领事馆成为特殊教材

　　从龙头路行至鹿礁路24号，不过十分钟的时间，日本领事馆所在的3幢楼房就展现在我们面前了。只见院内树木苍翠，三幢楼房形呈"品"字状。向导是对鼓浪屿租界史颇有研究的吴先生，他介绍说，最前方的那一幢建于1896年，楼下为办公室，楼上领事馆和会客厅，1915年又在该馆附设了警察署、监狱和拘留所，1928年又建了使馆人员和警察署人员宿舍，形成了现在的这个格局。监狱就设在警察署这幢楼房的底层。我们看到一堵围墙挡着，看不到监狱的真容。向墙内张望，见到底层一扇一扇的小格铁窗排列着，铁窗上铁锈斑斑，仍有几分阴森。当年有许多同胞被日本人抓来关押在此，备受折磨，呼救无望……当年日本人就在我国的领土上面设警署、设监狱，这真是一种屈辱。这一遗存已成为一份特殊教材。

　　鼓浪屿沦为租界的最沉痛历史记忆，也与日本有关。1902年，鼓浪屿沦为公共租界时，日本曾作为其他列强的代表，要挟清政府签署了屈辱的租界条约。悠悠岁月的烟尘把历史遮掩，日本领事馆之内一切显得那么平

【31】

静，它与鼓浪屿的宁静融为一体。据说现在这些楼房成为民居，他们在这些有特殊历史成分的楼房里平静地生活着。而隔着时光这道围墙，我们分明感受到那段痛苦而屈辱的民族史，对历史的追思唯有以史为鉴，才能更加发愤图强。

汇丰公馆曾经歌舞升平

我们在岛上穿行，一路寻寻觅觅当年领事馆的遗迹。在鼓新路巧遇了一位陈女士，她出生在抗战期间，数十年来一直生活在鼓浪屿，对领事馆的事记忆犹新，她可谓是领事馆的见证人。得知我们是《厦门日报》的记者，这位热心的女士向我们讲述了一幕幕鲜为人知的往事。

陈女士告诉我们，这鼓新路上的59号曾经是汇丰银行办事处。"这儿有个证物"，她顺手一指路边一块巨大的条石，上面镌刻着一行英文字母，下面还有两个汉字："汇丰"。这儿就是当年汇丰银行公馆的大门，公馆则是建在沿着斜坡而上的山顶上，可谓占据了一片好风光。

她说，那时候这一带满街都是洋人，他们叽里呱啦说着她听不懂的话，有时候来的人特别多。有一次她印象特别深刻，大约也是在四月份的

汇丰公馆（白桦）

时候，听说是什么复活节，那一天公馆可热闹了：敞开式的礼堂里十来架钢琴一溜排列着，场面蔚为壮观。各种肤色的洋人宾客汇聚一堂，有人演奏钢琴，有人跳舞。过了一段时间，热闹的情景突然安静下来，礼堂里走出了一位身材高挑、容貌漂亮的洋明星来，我至今仍清晰地记得那位歌星身着紫红颜色的礼服，出场之后安静中突然出现一片喝彩声，那明星咿咿呀呀地唱了一首之后，场面一下子沸腾了起来。当时我还很小，根本听不懂这些人咿咿呀呀地唱些什么。只是礼堂外面黑压压围着一群看客，小孩子觉得好玩，便也兴致勃勃地挤在人群里，久久不肯离去。

我们来到鼓新路59号这座老公馆里探访，当年的礼堂已经被分隔成了许多房间，只有边上一道木质楼梯仍显示了它特有的风韵：宽敞，造型蜿蜒而漂亮。我们已经无法想象这儿便是昔日洋人歌舞升平的地方。楼里住着好几户居民，一位刚回家的居民得知我们是前来采访的，见我们一群人借着微弱的光线在走廊里行走，便善意地为我们打开了路灯。我们感受着当地居民纯朴、善良，想到要将这儿曾经有过的历史沧桑与如今的变幻联系起来，心中颇有感触：历史风云变幻。其实这些精美的建筑当时也都是由普通劳动人民建造起来的，他们的智慧凝固在这些建筑上，可以说是永远值得珍藏和保护的。

美国领事馆保存完好

不知不觉中，我们已经探访了两个领事馆和一个"公馆"的旧址。了解最细致、印象最深刻的莫过于美国领事馆。美国领事馆位于三明路26号，素有最精美的领事馆之称。我们到的时候，恰逢一位老园丁在园中修剪草坪。告知来意，我们终于有机会身临其境，走进这座近百年的老屋，实实在在地当了一回历史见证人。

美国领事馆是一幢两层大三角圆柱欧式红砖楼房，1930年在原先租用的楼房基础上翻建而成。在此之前，这儿乃是美国驻厦领事馆租用的领事办公处。这幢楼房以红白两色为基调，廊柱沿用古希腊科林斯柱式，柱头的花纹与原始的繁花装饰大相径庭，使用夸张的百合花装饰。叶瓣纤长整齐，托瓣微微外翻，平托起整座建筑，使得整座建筑稳重而形美，实用而坚挺。在整个鼓浪屿建筑群中，美国领事馆堪称鼓浪屿上的精美建筑之一。我们见到这幢楼房三面围以花圃庭园，面朝鹭江，举目望去，江面岚气萦绕，厦门岛如画屏展开，美轮美奂。置身其中，庭院里的美景、海上

美国领事馆（白桦）

的烟波都历历在目。不久后，这儿建成了租界历史博物馆，那么来厦门鼓浪屿旅游的游客们便可穿越历史的征程再回归自然的怀抱，在这里留下一趟陶冶情操的心灵之旅。

荷兰领事馆折射沧桑

沉沉的夜幕完全降下来了，我们一行人来到中华路5号原荷兰领事馆。向导吴先生介绍说，这幢房子已经重新翻建过，但是整栋房子仍有其特色风貌，隐隐折射出曾经的历史沧桑。1938年5月，荷兰领事馆与安达银行一起迁入鼓浪屿中华路5号原正道院办公，1941年12月太平洋战争爆发闭馆，前后不过三年左右。

如今的中华路游客穿梭往来，热闹繁华，这座汉宫白玉般精致的楼房一侧的底下现在已经是"凤凰名店"所在了。要是游客们对这幢建筑有更深一层的了解，自然会在经过它时多投一些关注的目光。毕竟这座建筑还有着深厚的历史文化底蕴，值得人们驻足品味一番。

古城年轮

荷兰领事馆（白桦）

我们一天的探寻并不能阅尽全部，就像向导吴先生说的，鼓浪屿的魅力绝不是用"风光、名人、沧桑、建筑"几个词所能涵盖的，仅领事馆遗存这一文化的探索和发掘就还有很广阔的空间，让人去探究，去发现，去挖掘。

与鼓浪屿"领事馆"结缘的人

他叫吴永奇，原是北京某博物馆负责人，一次偶然的机会千里迢迢来到厦门鼓浪屿，从此便与这里结下了不解之缘，且在此一住就是六年多。其实让吴先生最为着迷的是鼓浪屿遗留着丰富多彩的外国领事馆文化。在他眼中，这是一个美丽而神奇的小岛，小小的岛屿上不仅孕育了众多历史名人，而且承载着厚重的领事馆文化。令他非常惊讶的是，这里历史上的领事馆数量多，密度高，且旧址保存完好。从研究价值上来说，全国类似这样的地方也为数不多。这对于一个潜心研究领事馆文化的研究者来说有着不可抵挡的吸引力。

吴先生向我们描绘他第一次来厦门就上鼓浪屿的情景。当时他只知道这里有"海上花园"之称，也许是缘分，第一次来，他就偏偏住进了当时的华丰山庄（原美国领事馆）。这一住虽只有三四天，但却让吴先生感慨万千，岛上领事馆旧址众多，身居其中，那种原汁原味的感觉油然而生，没有比这更能激发他对领事馆文化的研究灵感了。

此次回京后，他对鼓浪屿更是念念不忘，可以说魂牵梦萦。于是吴先生决心放下手头博物馆的工作，只身再来鼓浪屿，这次他住进了漳州路5号原英国领事公馆里，没想到这一住就是二年半，许多朋友传为趣谈，还经常调侃他，当年第一任英国领事还没你住的时间长呢！

吴先生对此也深感荣幸，于是利用鼓浪屿天时、地利、人和的有利条件，他开始全身心地投入研究工作，查阅书籍，深入其间地走访挖掘，短短几年间，他对鼓浪屿领事馆文化的研究就取得了突飞猛进的成果。据他告诉我们，目前就他所知道的曾在鼓浪屿上设立领事机构的国家应该有18个，准确知道其位置的就有9个，而规模最大的当属英国领事馆，地盘最小的则为比利时领事馆。而且他还亲见过当时英国领事用过的便笺纸，并曾在鼓浪屿上开设博物馆，展览过领事馆用品等。研究中让吴先生感受深刻的则是他亲临现场，核对历史事实，几乎不受外界研究成果的影响，许多研究都是他亲自实践的结晶。每当能挤出时间的时候，他习惯于到各座领事馆旧址边转转，用他的话说就是"屋子遂人愿"。

当然作为外乡人到鼓浪屿，偶尔也会想要回家，可没想到回家几天后反而浑身不自在，日思夜想的却是鼓浪屿上这些独具特色的领事馆文化，于是才猛然发现原来自己已离不开鼓浪屿这块热土了。现在吴先生已经来鼓浪屿六年多了，这些年来，这里已经成为他另一个家园。他说，对于外地人来说，这里到底有多美还真说不上来，然而这里名人多、房子多，建筑也最有意思。而他以后研究探索的想法就是让这里独具魅力的文化与旅游挂钩，为旅游开辟新空间，侧重领事文化研究的同时让更多的游客更好地了解历史，把握现在！

波光帆影忆当年

　　高殿，迎来厦门解放的曙光之地。当年解放军从这里登陆，从而解放了整个厦门。中国人民解放军于1949年7月进军福建，9月23日解放了厦门周边的城市乡镇，形成了对厦金的三面包围。

　　1949年9月26日，解放军确定了攻取厦门的作战方案。于10月9日晚至15日先后攻占大小嶝岛和角屿，并于15日起对鼓浪屿发起进攻，从而牵制了在厦门岛腰部的国民党机动部队，为解放军在厦门北半部海岸登陆创造了有利条件。

再访当年登陆点

　　1949年10月15日晚，解放厦门岛的号角吹响了。解放军利用高殿一带海边的红树林作为掩护，登陆抢滩，经过激烈的战斗，在16日凌晨解放军胜利突破石湖山，攻占了寨上等前沿阵地，为解放整个厦门奠定了基础。占领了前沿阵地后，解放军继续向前推进。与此同时，从另一路过来的解放军抢渡后与敌人短兵相接，攻占了敌人的碉堡，迅速攻下神山，解放殿前。紧接着，从高崎一带登陆的解放军又攻下高崎，继而又以迅雷不及掩耳之势解放中埔。

　　硝烟已经散尽，当年抢滩登陆的浅滩处，已经被和平与繁荣的沙土覆盖，一派热火朝天，有一处更建成了台轮的避风港。而横在浅滩前的那一派掩护进攻的红树林也为了海岸的现代化建设退出了历史舞台。沿着解放

解放军解放厦门登陆时的情景（郑宪）

军当年入村的路线，我们走进高殿村那一条当年解放军歇息的小石街。据说当年解放军宁愿忍寒挨饿，也不扰村民，不占用民房，就在这条小石街上稍作歇息，为进城作准备。而今这条小街已是店铺林立，有食品店、杂货店、手机店、首饰店，而最多的就是服装店。就在小石街的入口处，十几家服装店连成一片，从市区过来采购服装的，多数是"慕名"而来的市民。笔者在小街拐弯处就看到一家店面只有三四米宽的服装店，进去一看，休闲裤价格比市区内同等布料、同一款式的要便宜许多。虽然当时已经临近中午，而行人依然熙熙攘攘，接踵摩肩，甚是繁忙。现在在小石街的中段处，还保留有当年遗留下来的王公庙。虽然已经是古旧残破，前面的入口处已经被几家小商贩占用，然而那位静静端坐在神座上的神像，似乎目睹着小石街的林林总总，在细诉着这里的沧桑巨变。

沧海桑田新高殿

高殿现在是厦门岛上一处新社区，也是台商、外商及一些民营企业投资的热土，改革开放绘就了崭新的高殿风情画卷。

听高殿社区居委会主任陈庆佳介绍，解放前的高殿村，不过是个小村庄。村民们虽然勤勤恳恳，日出而作，日落而息，但由于土地贫瘠，"种地瓜不生藤，种花生不长仁"，只能靠天吃饭。改革开放以来，高殿村的党组织和村干部的高瞻远瞩，加上侨商的投资带动，促使民营企业蓬勃兴起，这里已经成为厦门岛内最大的服装加工基地。

古城年轮

由外商投资的奋发公司便坐落在高殿社区的入口。现在高殿社区有外商及民营企业共200多家。而修建在高殿社区外围的高殿水厂，正源源不断给市区送来生活用水，成了厦门岛内居民生活用水的来源之一。行走在已经产生了巨变的高殿，我们从中感受到了历史掀开新一页之后的那种巨大能量，也浏览了厦门岛上一处曾历战火，而又获得兴旺繁荣的风情画卷。这卷画卷将画得更美更好。

石湖山下的追忆

想起59年前的事，周大爷总是感慨万分，"如果没有解放军，我恐怕是活不到今天了"。解放前夕，国民党军队为作最后挣扎，疯狂地抓丁拉夫，那时二十几岁的周大爷也跟村里的其他年轻男子一样，被驱逐到海边去修筑工事，当苦力。直到厦门解放的前

老人讲述当年解放的战斗经过（郑宪）

一天（即10月16日）他还在海边的工事中挺过。

翌日，天变了，解放军进村了，"那时是深秋，凌晨抢滩登陆的解放军虽然满身泥水，十分疲惫，有的甚至冻得颤抖，双唇发紫。可是他们坚决不占用民房，就和着湿漉漉的衣服躺在这条小石街上休息"。周大爷一边指着解放军当年休息过的小街，一边忆说往事，"村民给他们送来烧开的米汤，就仅仅是为了贯彻不拿群众的一针一线的军规，他们一口也不喝，直到村民知道原因后，从井里打水，烧开后送过来，他们才肯接过来喝下去"。

周大爷指着一处空地说："当解放军解放高殿时，也就是1949年10月16日早上，有一个叫麦九村民还在这个地方摆摊卖油条。有一个战士经过他的油条摊前，看到他正在卖油条，就掏出钱买了一根，麦九高兴都来不及，哪肯收下战士的钱，就连忙说：'不用，不用。'那战士看到他不肯收钱，也不肯拿走油条，于是就放下油条匆匆上前线了……"从高殿村出来，我们往海边走去，这里尘土飞扬，热闹非凡。看着从远处翻来的浪花，周大爷往事又浮上心头："那时解放军就在这里抢滩登陆的，那时这里有好几个碉堡，一开始敌人的火力十分猛烈，登陆的解放军倒下不少。后来我们这边有一个熟知这一带敌人碉堡情况的船工，就捡起烈士旁边的冲锋枪，偷偷地绕到敌人碉堡的后面，把敌人射杀掉，减少解放军的伤亡。"当他看到解放军英勇作战，便毅然决定跟着党走，投身革命，参加土改。从小队长，一步步当到高殿村的党支部书记。

老碉堡，一道特殊的景观

当海边建起的避风港把当年那一片掩护解放军的红树林挤出历史舞台时，当我们再次探访我军解放厦门的登陆点时，带着对历史的崇敬与追溯的激情，我们一路寻访在繁华与和平照耀下的每一处土地。在钟宅湾大桥一带，我们与被和平时代所漠视的碉堡打了个照面。

这些三三两两散落在钟宅湾一带的碉堡，当年曾经是国民党军队妄图用来抗击我军的工事。他们盘踞在沿海一线，可谓举足轻重。可是此一时彼一时。

新时代兴起的"巨人"钟宅湾大桥就建在这里，而历史遗留下来的碉堡因周围的土被掏空了，显然被冷冷地抛弃了、被孤立了，已经变得老态龙钟了。他们被高高耸立在十来米的土丘上，俨然成了一道特殊的景观。

曾经结实的身躯,在半个多世纪的风风雨雨中,已经形销骨立,其形状颇像沙漠中的蘑菇石。上面是坚固的碉堡,钢筋混凝土铸就,显然足以傲视风雨,但是底下十来米高的躯干——墩座,却是用黄土托住,看来已受不了风雨的摧残,显得日渐剥落。

有些依着山边野地的老碉堡,已经是末路英雄。上面的碉堡已经倒向一边,底下的黄土墩座,也将坍塌,岌岌可危。这些有半个世纪以上历史的碉堡,实际上也称得上是我们这个城市的历史遗存。

他们毕竟经历过硝烟战火,他们毕竟目睹过历史的巨变,今天看他们被冷落抛弃,难免心有所惜。倘若他们再遭受台风暴雨,而残躯变得破败凋零,不知是否会愧对历史?但愿这些特殊的景观能受到保护,也许他们对后人有所启迪。

当年的碉堡成为奇观(郑宪)

一曲绵延百年的长歌

清光绪三十年（1904年），早已成为通商口岸的厦门，诞生了民族工商业的自家组织——厦门商务总会。它是我国商界中最早的商会之一，在此后的百年历史中，随着社会变革和历史的前进，这个组织在厦门商界的风云舞台上，扮演着一个相当重要的角色，在厦门经济史上写下传奇式的一页。

清代，厦门诞生最早商会

"鹭门海上耀明珠"，位于我国东南沿海的厦门，早在明代就以其特殊的地理优势，成为一个良好的贸易港口。1843年，厦门成为五口通商口岸后30多年，就拥有了直通上海和台湾、香港的通讯电缆。海上航运业的发展，使厦门成为华侨的重要出入口岸与集散地。华侨的供养家费创造了侨汇，侨汇又为厦门提供资金。同时，新兴的通讯业加速了厦门与欧亚各城市之间的资讯交流，跨地域的金融体系由此形成。

在这段历史风云中，厦门已经被卷入了资本主义世界经济体系，而历史的机遇也充分释放了厦门商人的冒险与求变精神。迅速发展的经济，逐渐兴起的厦门商人群体，令清政府对厦门的商人格外青睐。当时署理闽浙

1904年厦门商务总会会馆（洪卜仁）

总督的李兴锐两次上奏，谈及"目前财用所困非讲求商务无从措手"，商部更是将厦门列入"商务繁荣之区"，定为"应设（商务）总会之处"，在劝办商会的奏折中提出："则今日当务之急，非设立商会不为功。"于是1904年7月，在厦门小走马路的广东会馆里，"厦门商务总会"的组织宣告成立。由清政府指派林尔嘉出任总理（会长），当时年仅29岁。从此，厦门商务总会就像商海中一叶领航的风帆，引领厦门商界出没波涛，创建辉煌。

辛亥革命后，大力发展民族经济

成立于清末的厦门商务总会，一开始就面临民族危机日益深重和社会动荡不安的现实。在这一社会背景下，辛亥革命之后至抗战之前，厦门商会仍带领工商业人士为厦门经济写下重彩的一笔。

辛亥革命期间，厦门革命党人力量相当有限，组织非常松散。而商会在声望、财力，以及城市管理经验上，均为其他社会团体所无法比拟。在热心分子的推动下，商会毅然承担起了稳定厦门政局的责任。

民族经济的强大，是国家经济健康发展的根本。而当时"关税未自主，厘金未裁撤以前，外货源源入口，土货日形凋敝。举国洋货，满布市场，年溢出金钱亿万千"。20世纪二三十年代，全国掀起倡用国货的热潮，商会也在其中发挥了积极的作用。不但大力推荐本地商品参与包括南京劝业会、奥地利赛会等在内的各类展览会，也注重舆论宣传，曾通告各商业团体，一致倡用国布、国烟、国酒。同时更强调身体力行，1936年由总商会主办的厦门国货展可以说是运动的一个高潮。

1936年由总商会主办的厦门国货展（洪卜仁）

20世纪30年代厦门商办自来水股份有限公司股票（白桦）

清末胜家缝纫机厂的广告做成了厦门的明信片，并附介绍（见右图）说：厦门是中国东南海岸的海港商业城市，面对台湾岛（翁如泉）

抗战前，致力营造城市框架

20世纪初，受西方市政建设的启迪与近代中西文化交流的影响，中国各大城市的市政建设纷纷起步。鼓浪屿无疑为厦门城市的规划提供了很好的参考。而富有爱国热忱的华侨，则为厦门城市建设提供了最合适的条件。于是厦门当局、地方商绅和华侨携手进行了大规模的市政建设。

在商会会长洪鸿儒等人的努力下，厦门拥有了第一条道路——开元路。路政建设拉开序幕，运输业随之发达，1926年至1933年近千辆汽车输入厦门，1931年已拥有覆盖全市的5条公交干线。在洪鸿儒、黄奕住等商会领军人物的极力推动下，自来水、电灯、通讯、排污等公用事业迅速发展。

作为沿用至今的厦门市区安全线，鹭江道堤岸的填筑工程于1927年启动，因技术等问题而几易承建商，1933年又出现了28万元的建设费缺口。为了不使该"关于地方永久之福利"的工程功亏一篑，思明县工务局向总商会发出了求助函，请其邀集各法团，讨论维持堤岸工程费办法。当时"市况萧条，金融奇窘"，为不增加百姓负担，商会经讨论再三，决议并呈请核准：以关税附加2%解决工程款缺口，两年六个月为限。由此保障了鹭江道堤岸的顺利完工。

短短十年间，厦门改变了"污秽之商埠"面貌，并奠定下近代的城市框架。一时间百业俱兴，市井繁荣，厦门开始了向近代区域都会的转化。

1937年，厦门各行各业的店铺已达5217家。抗日战争，厦门失陷后，商业开始退化，"大商巨贾，惨淡经营；负贩肩挑，生机告绝"。抗战胜利厦门光复，"接收伊始，满目疮痍"，"商人焦困已极"。厦门商会在这段特殊的历史时期内，竭尽全能，为厦门商业的复苏进行了多方的努力，但真正迎来厦门商界的新生则是在新中国建立之后。

一座连通四海的商桥

厦门是个面向海洋的城市，造就了厦门商人鲜明的海洋性格——时刻关注海外市场。而厦门商会与海外工商界的交谊则是源远流长，从它诞生的那一刻起，它就不断地把商桥架向海外各地。可以说，沟通海内外商界往来、开拓进取是厦门商会百年来力行不倦的工作。

新时代浴火重生

1949年10月17日，厦门解放，百业待兴。新生的人民政权为促进工业商业密切结合，"发展生产，繁荣经济"，厦门商会组织浴火重生。1949年11月初，厦门进出口商冲破台湾国民党当局的军事封锁，展开港厦货运。抗美援朝中，厦门工商界同仇敌忾，普遍推行爱国公约，发动捐购4架飞机。

1953年10月，中国共产党提出社会主义改造过渡时期总路线后，市工商联积极响应，以扩大加工订货推动私营工业企业改造，辅导符合条件的企业转为公私合营。至1956年1月，全市93个行业实行全行业公私合营，厦门社会主义改造基本完成。厦门经济结构很快出现了全新格局，厦门卷烟厂、电池厂、酿酒厂、罐头厂、工程机械厂、橡胶厂、感光材料厂等一批工业骨干企业渐渐崛起。厦门从一个典型的纯商业性消费城市，初步转变成一个以出口为导向的新型工业城市。

改革开放后，厦门兴办经济特区，发展得到了前所未有的良机，厦门商会也获得了更广阔的舞台。充满活力的厦门商会组织原工商业者发挥独特的作用，积极进行各项外引内联的工作。

20世纪90年代初，厦门商会将工作重点逐渐转到促进非公经济健康发展、引导非公经济人士健康成长方面，开始了发挥民间商会作用和政治团体服务职能的新探索。为给民营企业的发展营造一个良好的氛围，总商会通过市委双月座谈会等渠道和每年的市政协大会建言献策，反映非公有制经济中存在的问题和代表人士的建议呼声。市委、市政府颁布的《厦门市鼓励民营企业发展的若干暂行规定》、《关于大力促进民营经济发展的意见》等政策，就是吸纳总商会及多方的调研、建言而制定的。

通过专题呈报、登门拜访、联办活动和建立制度，总商会多层次建立与有关部门的沟通渠道，与市贸发局、经发局、工商局建立了对口联系制度，发挥了一定作用。2003年起，一年一度的政法系统领导与民营企业家座谈会受到欢迎和好评。始于1996年的市领导与民营企业家恳谈会制度，为政府和企业提供了一个面对面的交流机会，成为高层次的沟通渠道。

如今福建正在加速推进海峡西岸经济区建设，厦门商会拥有了更加宽阔的活动平台。新的形势，赋予了商会新的历史使命，它必将肩负着这个使命融进新时代的交响曲，跳跃出最美妙的音符。

织纽带广拓商机

历史上，厦门商会就以其"东南门户、沪港枢纽、远及外洋"的地利与"地处侨乡，华侨众多"的人和优势，与南洋及海外各国有着悠久的联系。据宣统元

厦门工商界集体捐购4架飞机，图为欢迎赴朝鲜前线慰问团代表莅厦（洪卜仁）

古城年轮

年（1909年）资料显示，当时的厦门商会已与新加坡、菲律宾、缅甸、马来亚、安南（越南）、印尼的数十个社团建立了联系。

正是厦门商会对外交往的这种广泛性和持续性，造就了厦门在东南沿海独特的枢纽地位，使厦门在国际上，特别在东南亚国家拥有了极高的知名度。

19世纪中期外国人绘制的厦门商港图（翁如泉）

新中国诞生之后，厦门工商业者积极联络海外乡亲及客商，促进侨汇沟通和外贸的恢复。1954年，新加坡工商考察团和以李延年为团长的马来亚工商考察团抵厦，为解放后海外工商界首次组团来厦，受到厦门工商界的热情欢迎。

改革开放后，为有组织有针对性地开展海外联络，市工商联曾组织一次成员海外关系情况的调查。经调查，两会有海外关系的执委占93%，成员占72%，外贸和侨汇业成员100%有关系，其中60多人是资力千万港元以上，政治上有较大影响，学术上较有成就的人士。

在厦门首次引进外资热潮中，永泰电子、侨利食品厂、东南铝业、民谊、厦盛小巴士……先后在厦创办，厦华、厦新（现称"夏新"）、惠扬房地产象屿码头等项目在会员搭桥下也相继落户厦门。一位海外投资者曾动情地说，别人可以把商会忘掉，我们不能把商会忘掉。1985年3月，厦门商会开始聘请海外人士任厦门商会海外名誉会长（特邀顾问）。目前，已聘请的海外人士分布11个国家和地区。据不完全统计，1988年9月至2002年7月，先后接待来自美国、加拿大、东欧、韩国、日本、泰国、马来西亚和台、港、澳的经济界人士1.2万多人次。

在"请进来"的同时,总商会还积极"走出去"。1991年8月,厦门总商会赴菲经济考察团应邀访菲,拜会了菲律宾中华总商会、闽商会馆等20多个工商社团,与600多位新老朋友会面,被誉为近年来菲律宾社会一个重大的、影响力最强的活动。1991年11月,协助厦门纺织服装同业商会组团参加新加坡第一届国际时装节,签订210多万美元的出口贸易合同,并与四家客户签订缝纫线新加坡总代理等六项意向合同,与两家客户签订92项原材料及技术引进的合作意向。

1996年起,总商会被市政府列为外事接待单位之一。此后,一年一度的"9·8"贸易洽谈会和台交会更是总商会大展身手的舞台,接待的海外团组不仅越来越多,层次也越来越高。从1997年至2003年连续七届的'98贸易投洽会,累计接待59个团组近900人。

厦门总商会新办公大楼(白桦)

如今厦门总商会在承继和巩固原有海外联谊关系的同时,还将交往区域扩至欧美及澳、非,东南亚方面则着力拓展与专业工商社团和新兴工商组织的关系,已与海内外7家工商组织签订友好协议。

"海阔凭鱼跃,天高任鸟飞",当代的中国,当代的厦门经济特区已经成为世界经济体系中的一员,有着百年悠久历史又一直关注海洋经济的厦门商会,在这个全新的时代里,将以它特有的历史积淀和自身优势,让商桥越架越远,把纽带越接越长。

曾氏三代商会缘

在厦门总商会的图书馆里,见到了宏泰集团董事长曾琦。当他得知这是一个关于商会百年的采访时,曾琦爽朗地笑了,他

说:"我们祖孙三代都与商会结下不解之缘,可称得上'工商联世家'了。"

曾琦告诉记者,祖父曾国聪原是印尼侨领,辛亥革命胜利后,应孙中山先生邀请回国,投资厦门的市政建设。从此,曾家就开始了与厦门商会的百年之缘。于1928年投资建设了厦门很有名气的电影院——思明电影院。

这家给几代厦门人带来欢乐的老电影院,正是曾琦的父亲——曾华檀先生的最初舞台。当时年仅21岁的曾华檀,刚刚从新加坡的剑桥大学预科英文学校毕业,就被父亲派到厦门筹办和经营思明电影院。从最初放映的无声电影到有声电影,再到后来的彩色电影,思明电影院是中国最早,当时最先进的电影院之一,也是曾华檀商业生涯中最为之骄傲的一页。随后,风华正茂的曾华檀又将事业逐渐扩展到钱庄、房地产等领域。

在厦门商界崭露头角的曾华檀,很早就加入了商会组织。新中国成立后,作为市工商联的一员,曾华檀继续活跃在厦门的经济舞台上,并与同仁邵庚等工商界名流结下了深厚友谊。正是这些工商联前辈,在曾琦从香港回厦门投资之初,给予了他鼓励与支持。

作为改革开放后到厦投资的独资港商第一人,回想起1984年在厦独资创办永泰电子公司的情形,曾琦感慨地说:"那时可以说是摸着石头过河。"由于当时独资企业在厦门寥寥无几,一些手续的办理也相当繁复,注册还得跑到北京,"多亏了厦门市政府和父亲商会朋友的支持和帮助,才使永泰这个'刚出生的婴儿'不断成长起来"。1985年底,事业不断壮大的曾琦创办了厦门宏泰发展有限公司,如今更是发展成为涵盖制造业、房地产业、服务业、金融投资业等的多元化集团公司。

交谈中,曾琦反复提到的一句话是"我是工商界的儿子"。他说,后来曾任厦门商会会长的邵庚等,都是把他视为工商界的后辈来爱护,为他的每一步成长而欣慰。正是这些工商联前辈的关心,让他更加信心百倍地开创属于自己的天地。

如今身为厦门总商会副会长的曾琦,也已是工商联家庭中的一员。在厦门商会迎来百年华诞的时刻,曾琦动情地说:"一百年来,厦门商会走过了风风雨雨,我和我的先辈们在厦门的创业和发展都得到了她的支持和帮助,相信这段难得的百年缘分会在未来得到延续,更加美好!"

曾山：石奇林秀蕴人文

曾山位于厦门岛南部，环岛南路中段，虽然海拔仅172米，但山上有各种形态各异，栩栩如生的花岗岩巨石，是厦门岛上一处具有天然花岗岩地貌美景的胜地。因此游曾山，赏风光，观奇石，望大海，对于厦门市民或外地游客来说都是一件赏心悦目、令人心旷神怡的事。曾山海滨，面对大担岛、二担岛，背靠云顶岩，左临曾厝，右傍景州乐园，风光绮丽，蕴涵了丰富的历史人文景观。炮台遗址见证历史沧桑，天然巨石尽展壮美风姿。

攀岩　工人师傅为我们解难

环岛路旁密密麻麻的树丛，为曾山覆上了一层厚厚的外衣。我们来到曾山的山脚下，这里曾有一处著名的历史遗迹——白石炮台，据说遗址就在一处陡峭的岩壁上。我们攀上岩壁寻访的时候，还发生了一段小插曲。摄像师白桦带着他装有两袋摄影器材的"行李"首先攀上了岩壁，我们也学着原始人一样手脚并用地往上攀爬。在登上一小段岩壁后发现，山上的泉水顺着岩壁流了下来，泉水流过之处，长满了苔藓，一不小心就有滚下岩壁的危险。上山容易，下山难，这回就让我们体验到了，看到我们的窘境，在岩壁旁修建观光炮台的工人师傅笑了。一位好心的工人师傅笑着朝我们走来，他三步并作两步地来到了我们的身边，帮我们把摄像器材拿到了岩壁下，并带着我们走下了岩壁。相比于工人师傅矫健的身影，我们的步伐显得是那样的笨拙。

白石炮台遗址是凭吊历史的好地方。当年的白石炮台是厦门要塞保卫战的"功臣"之一，1937年，日本舰队突袭厦门，当时的指挥官黄涛采取"远攻与近守"的作战策略，在敌舰与白石炮台相距4500米时，白石炮台的克虏伯大炮突然发威，令敌驱逐舰大惊失色。云顶岩山上的6门克虏伯速射炮与白石炮台组成一道双层火力网，逼迫敌驱逐舰先后回缩大担岛与青屿之间海域。如今白石炮台已被拆毁，但其遗址仍在，留给我们无限感慨。

奇石　让曾山增添无限魅力

我们从环岛南路标志边的岔道登上了曾山，一段不远的山路似乎把都市抛远了，这里可以称得上是世外桃源了。山上各种奇形怪状的石头林立在郁郁葱葱的树林之中，给人以无限的想象。那些石头是天然形成的，有的似老牛拉车，有的如双狮对吼，有的像雄鹰展翅，真是天工造就，无须人工雕琢。

在曾山上，有一座道观太清宫，宫后有一块奇石，状如匍匐着的一只巨龟，它头朝东方，仿佛在聆听着经文。有人给它取名为"寿龟听道"。太清宫旁的树林中隐匿着各种各样的奇石：眺望着海峡对岸的骆驼石，高耸的驼峰在茂密的树林中若隐若现。在山顶上有一块石头状如青牛，头向云端，令人猜不出它意欲何往……奇石美景令人目不暇接。太清宫的至玄道长指着不远处的一块石头说："你们看，这里还有块石头很像笔架。"

太清宫（白桦）

太清宫供奉太岁的元辰洞内奇石（杜小霞）

道家文字耐寻味（志明）

我们一看，果真很像，只是不知可从哪里找到一把巨笔，能配这个巨大的笔架。在太清宫后，有一块巨岩更奇，状如龟背，在巨岩顶端，一块石头如同龟的脑袋，它正探向太清宫听法呢！特别是供奉太岁的元辰洞里，更掩藏着一块历尽无数岁月，见证了沧桑巨变布满海蚀洞的奇石。

在太清宫外的空地上有一棵龙眼树，树下摆放着几张石桌和石椅供游客们休憩。艳阳透过葱郁的树叶，在树下撒出点点亮光。志玄道长热情地邀请我们到龙眼树下泡茶，甘甜的普洱茶犹如一股清泉流过喉咙，缓解了因烈日而产生的干渴。

眺望　大担二担一水间

在曾山上登高远望，我们可以清晰地判断出曾山正位于厦门岛的东南角，而它的对角线正对着大担，大担边上的二担等几个小屿也都很清晰地映入我们的眼帘。熟知当地情况的一位先生告诉我们，对岸几个岛屿与厦门的距离还不足五千米，在沧桑的历史岁月里，大担、二担曾经和厦门一样担负起了抵御外侮的重任，大担上的炮台曾与厦门岛上的炮台一起"咆哮"，抵抗入侵的侵略者。而在厦门港的发展史上，大担岛上曾经建立了厦门港的第一座灯塔，这个灯塔曾为千百艘进入厦门港的船只导

眺望大担二担岛（白桦）

航，而它又是在两岸人为隔绝时被拆除掉，实在令人叹惜。

"厦门金门门对门"，在我们眼前的大担岛、二担岛似乎触手可及，然而多少年来，我们却难以踏上这个岛屿。现在两门的航线对开了，民间的交往密切了，假如曾山的旅游区开发之后，游客们可以从这边乘船到大担等岛屿上去垂钓，去赏月，去听天风海涛，而不是远远地眺望，那将是多么惬意的事！

发现　一株龙舌兰寄托的情愫

在曾山的山脚下，我们偶遇了一株"龙舌兰"。龙舌兰原是厦门山野之中常见的植物，但现在也不常见了。我们发现它时，它伫立在一大片葳蕤的苍绿中，简洁的轮廓格外抢眼。

同行的人中有人立马联想到了鲁迅先生任教厦门期间曾经在龙舌兰前拍照留念，并称赞此植物的坚韧和顽强，简单中不失大气，生气中蕴涵着凌厉。这样的精神是当时国人所需要的，也正是国人所缺少的。在鲁迅口中，借龙舌兰来传达他对国人的期盼，对中华民族精神的一种希冀。龙舌兰是鲁迅喜爱的植物之一，不仅仅是因它所代表的民族气节，还因当时鲁迅看见它的适应任何不良的生长环境。鲁迅于1927年1月离开厦门，临走前，他特地到南普陀的一座荒坟前留影，周围有平日他最喜欢的龙舌兰，在铅灰色的丛冢和枯黄的坡地上，剑形叶竖起一簇簇绿色的苗焰。在鲁迅看来，如果说坟代表死，龙舌兰便代表生。亦死亦生，方死方生，生命跨过死亡前行，结束和起始同时进行，向死而生，正是他一生遵循的生命准则。没想到在寻访曾山的途中，会与这段略显沉重的历史打了个照面，更没想到的是，竟是由这样一株平常无奇的植物引起的。算是路途中意外的收获吧。

湖边水库"浮出"谜团

　　湖边水库位于厦门本岛东北部，高崎国际机场东南侧，东临湖里大道，西临湖西路，南临吕岭路，北至仙岳路。湖边水库约建于20世纪50年代末，总面积约为4平方公里，其中水域面积达1.5平方公里左右，是厦门岛内集水面积最大的一座小型淡水水库，也是厦门岛内最大的、良好的、唯一的应急备用水源。属于重点水源保护水域。

　　走在湖边水库的堤岸上，环视这偌大的水库，如今淤泥尽现，鱼蚌齐出，眼前一亮，一群白鹭在库底悠闲地晒着冬日的暖阳，黑色的泥土更映衬出它们洁白的羽毛，成为这空旷天地间的美丽天使。我们想看它们起舞飞扬的身姿，于是近身过去，本以为会是"惊起一滩鸥鹭"，没有想到，它们俨然一副天地是我家、超然物外之态，全然不在意我们的靠近和吆喝，仍然神态自若地"闲庭信步"。于是我们也静静地观看它们，感受自然的和谐。这种和谐一下使得我们回想起来这里观鸟的祥和氛围，湖边水库的生态环境保持得很好，因此它是岛内一处绝佳的鸟类天堂。站在水库的边上，眼前不时飞过成群的大白鹭、小白鹭，让我们又亲身体会到了"鹭岛"的诗意。它们似乎并不因为湖水的干涸而离去，仍然在滩涂上觅食，我们眼前的库区现在看起来似乎更像是一块湿地，记得前不久，我们在这里还看到平时不常见的栗喉蜂虎，栗色的喉部，绿色的背部、腹部，白鹭让我们感到纯洁，栗喉蜂虎让我们感到华丽，都是那么的完美。通过望远镜，我们还清楚地看到，白鹭、池鹭、翠鸟它们动作敏捷，姿态优美，轻盈地掠过水面，衔起鱼、虾，得意地飞回岸边的树上品尝美味。清

古城年轮

淤整治之后,湖水将再次充盈,这里将更加天然和纯净。那时我们再来赏鸟,肯定又别有一番韵致。

"石蜡烛",矗立显沧桑

我们在库区里探索,除了自然的景致和氛围,向我们昭示着一种在都市里面难以感受的"野味"之外,当地的村民还告诉我们,在库区的另一端,在排水之后,露出了不少古迹。因此我们从洪塘兜了大半圈来到了蔡塘。

刚走到水库的堤岸,两根高高的柱子就凸现在我们的视野里了,它威严地矗立在空旷的水库底。仔细一看,这两根柱子大约有6米左右高,并且从上到下工工整整地刻着许多文字,隔岸观花,总是意犹未尽,于是我们走到水库底的柱子下面,我们发现,柱子的另一面居然也刻有文字,两根柱子,前面背面,完整的两副对联,真是"满柱珠玑"。

我们和聚集在柱子下面的人们一样,静静地仰望着、惊叹着。在人群中,一位当地村民和我们攀谈起来,他姓陈,从小在湖边水库边上长大的,至今他的家仍住在附近。于是我们向他询问:以前你们是否知道这水

放水后的湖边水库(志明)

库里有两根石蜡烛？他说，这一问题有一点令人啼笑皆非，以前还真的不知道这里有一对这么高的"石蜡烛"。他们经常在水库里划船，水位低的时候，则会看到有两个石柱的柱头露出水面，这个地方成了一个理想的抛锚之地。当水位低时，船家想在这儿停船，就会顺便把船栓在这石柱头上，石柱很牢固，任你有风有浪，也稳固异常。当然如果水位一涨，我们就又看不见这两根柱头了。陈先生略显惊讶地说："我们经常抛锚的地方想不到就是这对'石蜡烛'的所在地，真是不可思议了！"

湖边水库的"石蜡烛"（郑宪）

在人群中，有一个人看来对考古颇有研究，他根据柱子的材料和雕刻的文字，推测这两根柱子大概是清代的遗存，他告诉我们"石蜡烛"一般是墓葬前的建筑物，并不是一般的平民百姓可以拥有的，况且这对蜡烛那么高大，上面还刻有"玉音"两个字，很有可能是皇帝钦赐的。可见这儿的古墓不会是普通的家族。

交谈中，我们还向水库管理处的陈先生了解到，湖边水库建库前的相关人文地理情况，据说这一带宋末（一说是清初）以后是林氏聚居的地方，出了不少人才。宋代的林棐是厦门岛内的第一个进士。清代的林仁也是十分著名的琴师，据说当年福建水师提督还特意把他请到家里去弹琴。近代的林巧稚，更是举世闻名的妇科医生，著名的女院士。而50年前，这座水库上还是上湖、下湖、上后坑、下后坑、洪塘、蔡塘，几个村落的所在地呢，水库依托的主要是金山南麓的山谷盆地。新中国成立后，为了能够解决居民的生活用水，及时排除旱涝险情，并且为应急用水储水，才兴建

古城年轮

了这座水库。但当时对文物的认识还没有现在这样的深度，所以只是村民迁移了，而这些历史遗物就留在了库底，没想到这一淹竟是50年，更没想到这淹没竟然使它们阴差阳错地保存了下来。水库底下除了发现有"石蜡烛"，还有一片明清古墓群。

三合土，出水露峥嵘

离开这象征着望族的"石蜡烛"，我们看到人们不约而同地聚集在库底水边一带，于是我们快走几步，加入到第一个人群中。哦，历尽沧桑的古墓，完整地显露了出来。古墓是用三合土夯成的，上面的字也非常清楚，表明是万历年间的墓碑。明代到现在，历经几百年的风吹日晒，又历经半个世纪的湖水浸泡，而如今仍保存得这么完好，真让人觉得不可思议。顺着这个地带走下去，沿途都是大小不同的墓碑，尾端有一个墓碑很小，却很精美，墓前的矮小石柱上不仅正面刻有文字，侧面还刻有精美的花朵。右面刻着"龙起狮屏廉"，左面是"山朝虎××"，后两个字被掩埋在沙土里。这时同行的一人想出了办法，她立刻找来了树枝，开始一点点地把沙子挖开，我们仔细一看是"帐峰"。"龙起狮屏廉，山朝虎帐峰"，字迹很有气势，看来这也不是一个普通人家。我们大略看了一下，这里大约有40座古墓，集中在三个地方。这些古墓都是用三合土夯造的，从明代到民国，一座座古墓的形态保存得很好，有的小朋友出于好奇，用脚在拼命地踹那些三合土，没想到它们却是岿然不动。这种三合土还真的不一般啊！

历史遗存有待发掘研究

为具体了解湖边水库历史遗存的意义和价值，我们特地拜访了我市文史专家洪卜仁等。交谈中，洪卜仁先生显得很认真。洪先生说湖边水库位于厦门岛金山南麓，周边本来就有历史悠久的村落，因此有一定的文化遗存散落其间。建库时村庄居民迁出，一些遗存当时没迁，现在库底发现的主要是明、清、民国时代的古墓群，最早的距今有三四百年的历史了。

洪先生还说，现存库底的"石蜡烛"是厦门的俗称，实际上是大型墓葬的建筑物，属于华表一类的东西，有的称为"望柱"。近些年来，厦门岛上已经很少发现了，即使有也没有如此完好。这次在湖边水库发现的石

水库底发现的"谜团"有待解开（志明）

蜡烛，可以说是目前厦门岛内的一对保存完好的最高的石蜡烛。石蜡烛一般高两三米，而这对石蜡烛居然高达6米左右，气势不凡。可见墓主的身份地位非同一般。洪老说，近日他亲自随同市文化遗产保护中心的靳维柏主任和市政工程部门的陈工程师到湖边水库库区进行考察。在库区里又发现了另外一对石蜡烛，虽然没有先前那对石蜡烛那么高，只有3米左右高，但直径却有30厘米左右，比一般的石蜡烛粗了许多。所以这两对石蜡烛可以说弥足珍贵了。而整个水库中的明清古墓群规模也是蔚为壮观，对这些古墓的进一步考察，深入地研究和挖掘，将有可能对厦门的文化历史的考证提供有益的帮助，甚至也可能有意想不到的收获。

　　市文化遗产保护中心靳维柏主任告诉我们，该地古墓数量较多，且处在淤泥覆盖状态不易发掘。在当时，这种状态本身也是一种保护，这些古墓群历史悠久，拥有着丰富的历史和人文价值，等待进一步考古发掘。为保护文物的完整性及历史性，他们将同有关建设部门商议，并请相关专家、学者到现场考察后再做下一步工作。

马銮浪涛绘诗章

东邻厦门西海域，南、西、北侧有文固山、白石眉山、天竺山等众山脉环抱而成的马銮湾，以其得天独厚的优越地理环境造就了这里绚丽多姿的人文。马銮湾地区有着极为丰富的高岭土资源，是优质的制瓷原料。沿岸还有古代制陶的窑址，唐末宋初马銮湾畔的陶瓷业，曾经历时千年，有过陶瓷作坊遍布，窑烟袅袅的一派兴旺景象。马銮湾周遭的许厝窑、囷窑、上窑、磁灶、东瑶等都曾经创造出了辉煌的陶瓷文化，并将它传播到海外，为当地的人文注入重彩的一笔。

三面环山，一侧面水使得马銮湾人既可面海而渔又可居山而耕，犹如陶渊明梦想之桃花源。然而马銮湾的荡漾的波涛又融进浩瀚大洋，时刻牵

马銮湾景色（郑宪）

动马銮湾人飞翔的心。采访中得知,当地有一条古海澄县与同安县交界的溪流蜿蜒流向海外,因此远在古代,先辈们便从水路漂洋过海,远赴南洋经商谋生,开拓事业。马銮湾一湾碧水连向海外,可以毫不夸张地说,当时只要自家有船,便能直接从家门口划着小船下南洋。便捷的海上交通,使得马銮湾人频繁地来往于家乡与南洋之间,直到解放前还有数万当地人创业经商于海外。另据有关资料,现在马銮湾人的后裔在海外有10万人以上,他们秉承先辈热爱祖国不忘桑梓的精神,许多人参与了家乡的建设事业。

钟灵毓秀留风采

灵动的山水赋予了这一带人们灵动的心。红砖民居是福建四大民居之一,马銮湾畔的新垵、霞阳是闽南红砖古民居的最大集群地,为海峡两岸所鲜见,计有500多幢。海峡两岸的红砖古民居同出一源,金门现在也保留了许多闽南红砖古民居,但马銮湾畔的古民居数量之多,建筑之精美,规模之宏大,堪称闽南之冠。红砖古民居多以红砖为墙,红瓦为顶,花岗岩为基础,辅以木石的透雕、漏雕、圆雕、浮雕,其图饰和砖雕的精美绝伦自不在话下,加之以门庭的楹联、厅堂的诗词,把闽南文化表现得淋漓尽致。尤其有特点的是,在这些古民居中可以感受到古代中西文化的交融。

据说这些民居的建筑木材都是从南洋运回来的。走进邱忠波先生

马銮湾畔老洋楼(郑宪)

故居，刚跨进门槛，便觉得眼前豁然开朗，贪婪地仔细欣赏古宅的每一处精巧雕琢，生怕漏过一个细小的地方。历经百年沧桑，仍可见历史在雕梁画栋上留下的痕迹。闭上眼睛，遐想这屋内曾有的金碧辉煌，耳边响起了邱思元老先生质朴的乡音叙述着久远的故事：据说，邱忠波是以向海外运送贩卖陶瓷起家的，事业逐渐发展兴盛起来，鼎盛时甚至曾拥有13艘船，"航海家"之名当之无愧。邱忠波虽为富而乐善好施，当时厦门饥荒，曾捐献3艘船的米粮，清政府赐予"乐善好施"的牌匾。正是这灵动的山与水赋予了马銮人如此宏大的胸怀，留给后人不朽的风采。

除了古民居之外，马銮湾畔还留下了许多文化遗存。海拔382米的文圃山嵯峨挺拔，山色秀丽，唐代文士谢氏兄弟曾读书于此，被史书所录，因此这座山被称为"东南第一丘"。在蔡尖尾山支脉岩顶山

马銮湾发现的古陶（郑宪）

（海拔285米）的明代抗倭烽火台，山的北侧山路有一条宽窄不一通新埃霞阳的石阶古道。在抗战时期，曾是突破日寇封锁线，从盛产大米的漳州往泉州运粮救急的秘密通道。在石阶古道两旁，还有许多名人崖刻。在东孚后柯村西明代胡元轩墓和辛亥遗址——民国元勋庄银安故居和陵墓，这两处与辛亥革命有关的遗迹，是重要的爱国爱乡的教材。地灵自然出人杰，马銮湾得天独厚的环境，可谓人才辈出，造就了许许多多的历史名人。

在古民居中穿行

来到马銮湾，当地久负盛名的古民居绝对不可错过。这里有福建四大民居之一的红砖民居。穿行于其间，在这尘封的华丽里，我们感到它那沉淀已久的人文气息。

这一带的古民居多是单檐式的屋顶，突出了闽南民居传统建筑风格，其中尤以红砖红瓦最能体现闽南民居那种特有的精致与华美。那是

一种经过岁月淘洗的细致，雕栏在时间的洗涤下，渐渐褪去了铅华，但却掩不住昔日的辉煌。

在马銮湾错落的古民居群中，辗转其间，犹如进入时间隧道。一个转弯，新垵一幢古厝——"中宪第"映入眼帘。

这是一幢深宅大院，进入其间才感受到"庭院深深深几许"，绕过大厅，只见庭院两旁水廊相接，狭门相通，环环相扣。据说原布局共有五落，最后一落在抗战中被日本飞机炸毁了。现在保存下来的四落古厝则依然完好。古宅主人的后裔现已八旬的邱老先生讲起祖辈时，仍津津乐道。

他说，他的祖上是"盘山过岭，犁头戴鼎"（闽南语：远途跋涉历尽艰辛之意）到海外创业的，当事业有成时，特回乡盖这幢华屋，并对桑梓的公益事业多有贡献。祖辈辛劳创业的精神和乐善好施的德行一直影响着世代子孙。门庭上"和气所居"的古训想必便是老先生待人处世的信条。

道别古宅，走在马銮湾畔，一幢称为番仔楼的老屋则展现别样的风姿。西洋式的楼体中挺出了一座精巧的中式亭子，隔着一湾碧水远远望去，番仔楼真有一种鹤立鸡群之感。这些楼房都是当年的华侨所建，可谓千姿百态，精彩纷呈，是红砖古民居之外的另一瑰宝。走出古民居群时，另一种别样的情愫油然而生。看到眼前呈现的又是一派勃勃生机的景象，马銮湾最新最美的宏图即将展开。也许待马銮湾规划全部完成后，历史又将再一次选择瞩目的焦点，而这些古民居群也许能成为历史的辉煌而被保留。笔者盼望这些古宅将依旧焕发它无可取代的特有魅力。

古民居群绚丽中有遗憾

马銮湾一带500多幢红砖古民居是厦门历史记忆的经典，蕴藏着华侨创业、闽南人文、建筑艺术等不可低估的历史文化价值。一枝独秀总不如满园春色，群体性和整体性是古民居历史文化价值的最重要体现。但近年来，马銮湾畔已成为闽南文化遗产的红砖古民居群正不断被新建筑蚕食，原来成片成群的红砖古民居已经逐渐在被肢解，有的被水泥丛林包裹，有的则在群体中偶尔崛起几幢崭新的楼房，犹如一幅美妙的古画贴上几块新补丁，令人看了不胜惋惜。在孙中山先生的红颜知己陈粹芬的故居里，现在的居民觉得保留故居原貌已经没有意义，正准备将古宅拆除建成新楼，这样至少能满足他们住新楼房的愿望，这种说法听来让人觉得很无奈。

许庄的最后一个新春

在坂头水库库区边上的许庄，由于库区将扩容等原因，村民们已在2007年内搬离村庄，迁徙到厦门后溪新村居住，许庄的部分田园将作为水库的蓄水之地被永久淹没。2007年的新春无疑是许庄村民在故里所过的最后一个新春，许庄人仍然和乐、认真地欢度这个具有特殊历史意义的新春。正月初五是许庄的民俗"热闹日"，人们沉浸在喜庆的"新正"中，村里忙着招待远来的故友亲朋。而我们，就在这初春霏霏细雨中的清早专程走访了许庄。

古村：年味犹浓迎来客

许庄是一个行政村，有八百多人，下辖许庄、大坊和崎洋三个自然村，所以"许庄"同时也是自然村的村名。2007年的新春成了他们搬迁前在许庄所过的最后一个新春，搬迁前的这个春节对许庄人来说，具有独特的意味。

车子驶进许庄的村口，一株桃花树开得正旺盛，上面绽满了娇艳的花朵，随着春风的吹拂，在细雨中含羞地摇曳。正月初五那一天，是许庄隆重的民俗节日，村道上，走亲访友的人络绎不绝。这株盛开的桃花就伫立在村口上，我们的脑中不期然地闪过著名诗人崔护的那句千载名句：桃花依旧笑春风。

下了车，沿着小土路一直向村中走去，路旁建起的座座新楼间夹杂了几栋古屋，可以想见许庄的古朴风貌，许多燕脊高翘的老屋贴着鲜红的春联，让人觉得春光仍眷顾着古村。我们踏上了一座老屋的台阶，隔着门缝，想一睹其中的风韵，不过从边上一户新建楼房的家里探出个人来，笑着对我们说："想看看老屋吗？已经不住人了。这是我们的祖屋，前几年我们建了新房，人都住过来了，老屋成了我们的纪念品。"我们不解地问："你们不是要搬迁了吗？但老屋还打扫得这么干净，还为它贴上了春联？"主人笑嘻嘻地说："虽然要搬迁，但老屋也要喜迎春啊！我们住了新屋不忘老屋，就像交了新朋友，不忘老朋友一样。尽管新屋、老屋都会被拆掉，但这最后的春联还是要贴的。"说话间，边上的一个画面又吸引了我们，在一家村舍前面，一家人和前来探亲的亲友正在房前摆"POSE"（姿态，造型），他们在迁到新村前，聚到老屋前，拍个别有含义的，包括来访亲友的新春全家福。

追溯：许庄亲情连两岸

走进村中，在一道清澈的水流边上有一块巨石，上面镌刻着密密麻麻、历尽沧桑的文字，我们走近一看，原来这是一方乾隆五年（1740年）的石刻。虽然历经了200年的风雨，但至今基本可辨。其大意纪录了许庄

春意仍然弥许庄（郑宪 ）

历史悠久，山林茂密，用官方条规来保护山林，界定村界。由此看来，许庄人热爱自然、珍爱家乡的情感由来已久。一位村中的老者知道我们是来客，看到我们认真地研读石刻，告诉我们，村中还有另外一处石刻，其内容更有意思。原来那是一块戒赌的石刻，说的是清朝年成好的时候，村民们囊中有钱，但外界的不良风气也影响到村民，农闲时有人受不肖子弟的影响，到村外进行

许庄的清代山林记事石刻（郑宪）

赌博。村中德高望重的长老对这一现象高度重视，觉得此风不可长，否则人心不思耕作，对村庄贻害无穷，使家庭分崩离析。为此村中的长老们勒石为戒，告诫子孙。据这位老人说，数百年来许庄人谨遵祖训，少有犯规者。

村道向着村中深处蜿蜒而去，我们的步伐并不匆忙，似乎和村民一样也涌起了依恋之情。因为古村不仅风光优美，而且人文意蕴深厚。在村庄深处的山脚下，一栋古色古香的祠堂仍然明烛高烧，香烟缭绕。村民们告诉我们，当天是村中的喜庆之日，在以前会有许多金门亲戚来到祠堂祭祖，现在也仍时常有台湾、金门的宗亲前来寻根。已年逾80的卢老先生告诉我们，许庄的卢氏在古时候从同安的古庄分衍过来，两门卢氏的许多后裔前往台湾垦殖，其中分衍到金门贤聚的，已成当地望族。近年来，两岸民间来往密切，两岸卢氏恢复了亲密往来，就像今天，有些不能前来祭祖的台湾宗亲特委托了在同安或在本村的亲戚帮他们烧炷香，以寄托对故土、对先人的思念。而在金门的宗亲，有的特地专程回来，看看故里，祭拜先人。

畅谈：明天定会更美好

交谈之中，我们想起了村中还有一位老朋友——《厦门日报》记者曾

民俗"热闹日"（郑宪） 　　　　　　　　难舍老窝（郑宪）

　　采访过的许庄村长纪飞明。听说他现在已任村支书。纪先生家中绿意盎然的墙头上面探出了几朵红花，纪飞明非常热情地接待了我们，和我们畅谈起来。他还向我们讲解了即将要展开的搬迁工作和村民们对迁村一事的心态，他说："这个决定大家都已经知道了，虽然不舍得搬离祖祖辈辈生活过的地方，但绝大多数村民还是支持和理解政府的工作，并积极配合。今年的春节是在这里过的最后一个春节，大家比往年更加珍惜，准备了丰盛的年货，希望能在祖地过最后一个安乐、祥和的春节。"

　　眼看已是中午时分，我们就要起身告辞，却受到了纪飞明一家的热情挽留，邀请我们在家中吃午饭。因为家里也有其他来客，平常每年的这天都是亲友来访的日子，今年邻近的亲友也都知道即将迁村的消息，所以更是携妻带子地前来贺春探亲。纪先生家一下就来了四个亲戚，加上我们，圆桌全部坐满了。午餐非常丰盛，纪飞明告诉我们，鸭是家养的，菜是自家菜园栽种的，绝对"绿色食品"。一席话把大家都逗笑了。和我们一起用餐的客人，原来正是回娘家探亲的女儿、姑爷一家以及来拜访的侄子，席间他们也向我们诉说了对祖地的不舍之情。离开前的一刻，女主人又端出了切好的鲜嫩橙子，然而意想不到的是，橙子竟然也是自家种的。放在嘴里轻咬一口，感觉甘甜的滋味像是流到了心里，让大家也开始怀念起这个即将消失的村庄。纪先生显得比我们豁达，他说："其实现在的这个村庄也有它不便之处，距离国道有十几公里，孩子们上学非常不方便，村里的发展也受到种种制约，现在我们的安置点已经确定了，一些房子正在兴建之中，预期很快完工，我们总是坚信一句话：明天定会更美好！"

厦门古窑辉煌与失落

"海上陶瓷"诉说开放史

　　厦门的陶瓷，从初创时期起，便作为贸易商品登场，自唐宋至明清，厦门窑业生产与海外贸易关系密切。宋元时期，泉州港的兴盛，海上陶瓷之路的扩张，也刺激了厦门窑业的快速发展。有关专家指出，"厦门地区发现的唐、五代时期的窑址，在数量和规模上应位居福建窑业之前茅"。迄今为止，共发现窑址十余处，有些地方是群窑。

　　当时同安汀溪窑的盛况，从今天早已冷却了的如山、如丘的遗址中可见一斑。而到了明清时期，月港、厦门港的崛起，更带动了环港区域窑场林立，海外贸易更加兴盛。厦门港一度成了汇集来自各地瓷器的集散地，这从前不久莲坂旧城改造工地上发现的大量各种类型的瓷坑得到了证实。而鹭江道一带更多次在施工中发现大量的瓷片。专家学者们通过考证、分析发现，以古代厦门

认识过去的辉煌（郑宪）

地区的社会经济、政治和文化的发展程度而论，它所具备的陶瓷器的市场消费与这一地区窑业的大规模生产能力和产量形成巨大的反差，即可能有大量的产品过剩，但没有造成这一后果的原因是，这些陶瓷向海外大量输出，可以说，厦门窑业是以生产外销瓷为主的。这一分析从海外，特别是东南亚诸国的考古发现中得到证实，在当地许多地方发现了产自闽南（厦门）的古瓷。

历史上厦门地区兴盛的窑业，还展示了特有的亮点。在烧造技术上，龙窑的普遍使用标志着厦门唐代晚期窑炉形体结构全面创新；在产量上，在福建省的陶瓷业中占有重要一席；在质量上，珠光青瓷成了日本的国宝。

厦门陶瓷的外销不仅是"以我之绮纨饵，易彼之象玳香椒"（明·张燮《东西洋考》）的经济互利，同时还促进了厦门与海外的文化交流。很显然，厦门陶瓷在外销的同时还注重"引进"，在海沧新垵、霞阳存在着许多古窑址，也存在着许多古民居，许多精美的古民居不仅其建材从海外"进口"，有些装饰图案更刻画出了异国风情。在今天，厦门这座现代化的城市里，"海上陶瓷"之路带来的外来文化的遗存绝不是只鳞片爪。

曾经写下"历史之光"的厦门窑业，在今天，人们似乎淡忘了它。我们在现场采访中发现，许多遗存正在不断地流失，甚至遭到破坏。但我们相信，一座现代化的城市，对于童年时的历程，是会倍加呵护与珍爱的。

古窑址出土的古瓷片（林剑影）　　　　厦门碗窑遗址（林剑影）

在厦门行政区划内，历代大量陶瓷器及窑具的出土，用最有说服力的证据复原了绵延千余年的历史画卷，大大提升了厦门这座城市的历史文化品位。

古瓷拼贴"海上贸易图"

据厦门有关考古的发现，晚唐、五代海沧突然形成大规模的窑群，厦门、同安地区陶瓷大量生产。

在唐代，厦门岛称嘉禾屿，那时岛内居民不多，是个"四向沧波，非利涉之舟，人所罕至"的地方，而这时与厦门岛隔海相望的杏林湾，却已经崛起了兴盛的瓷业，沿着杏林湾跑一周，许厝窑、红牛山窑、祥露窑等以生产青瓷为主的瓷窑就分布在海边。

当时厦门西南角的筼筜港，可通漳州；西北角的高崎港，可通泉州。海沧许厝，同安磁灶尾窑，在窑场附近都有出海口。当

古民居上的洋船壁画（郑宪）

时还处在萌芽状态的厦门港进出周边地区的活动日趋活跃，因而可以理解厦门海沧为何在晚唐、五代突然形成大规模的窑群，同时也为大量生产的厦门、同安地区陶瓷找到了出路。晚唐、五代时期包括厦门窑在内的闽南地区窑口生产的陶瓷外销不但有可能，而且为国外大量考古发展所证实。

继唐、五代外销的初步开拓之后，宋元时期厦门窑业的一片兴旺发达更是建立在外销的基础上，其繁荣有着客观的因素。

由于海外市场的需要，厦门地区的青瓷、白瓷大量地从海上流向世界各地，当时远洋的木船，航行时需有重物压舱，原先是用石头压舱，后来发现陶瓷也是绝佳压舱物，既可压舱，又可获利，真是一举两得，况且闽南（厦门）的瓷器深受海外诸国的青睐，故宫博物院陶瓷研究专家陈万里先生在《闽南古代窑址调查小记》中写道："就已发现的泉州及同安古代窑址碎片来看，完整物品在国内传世的很少，可以想见当年的制成品似乎都是用于外销。"20世纪70年代，泉州后渚发掘的宋代沉船中，就有产自厦门的青瓷碗。海外贸易古书《诸番志》、《岛夷志略》记载，宋元时代与我国有陶瓷贸易的有五十多个国家，那时厦门古瓷向东到日本和朝鲜，向东南到吕宋诸岛、越南、柬埔寨，穿过马六甲海峡到达孟加拉、印度，沿着印度半岛西海岸直抵伊朗、阿拉伯半岛及北非的地中海国家。

厦门于明末清初由小岛腾跃为闽南的港市中心，这种港市的兴衰与更替，显示了区域社会经济历史周期变化的特征。这种港市的兴替具体反映在窑业上，则是明代闽南地区的窑业中心从泉州地区转向漳州地区，平和窑、华安窑迅速而普遍地兴盛起来，成为青花瓷的主要生产基地。厦门窑业在经过宋元时期的繁荣后，一落千丈，瓷器的烧制除明代偶见外，进入清代就全部销声匿迹了。但陶瓷仍与厦门有不解之缘。

清代的厦门随着厦门港的不断繁荣，成为闽南各窑口陶瓷的集散地。厦门作为月港船舶进出的必经之地，来自各地的瓷器在厦门集结，然后再运往世界各地，在清道光年间成书的《厦门志》的地图上，已出现了用于瓷器运输的专用码头——磁街路头，海沧古民居的壁画上就绘出了火烟船（洋船）泊岸装载货物的情景，货物中可能就有瓷器。这时的厦门已经不再直接生产瓷器，但它让更多的瓷器从海上走向世界。正如日本著名学者三上次男指出的"这是连接中世纪东西两个世界的一条很宽阔的陶瓷纽带，同时又是东西文化交流的一座桥梁"。

港城百年　穿越时空再现

　　由市建设与管理局、市城市建设档案馆联合主办的"港城厦门·百年记忆"大型历史图片展，在建设大厦拉开帷幕。厦门作为近代中国最早开埠的城市之一，独具特色的地理人文，醉人的天风海涛吸引了那些手持神镜（摄影机刚传入中国时被称为神镜），目光深邃的摄影师们的注目。他们用独特的视角为这座当时还处于童年的海港城市留下了幅幅画面，使今天的我们得以回眸它的童年。这带给我们的不仅仅是怀旧，还有深深的情思和思索。

沧桑画面　演绎鹭岛昨日风情

　　在这一次历史图片展中，最能引起人们感慨的是厦门的沧桑巨变。我们看到，厦门作为中国最早对外开放的城市之一，在明代就已留下了无数出洋谋生的闽南人以厦门"路头"为出发地的印记。如五通路头的老照片，就是一处不可磨灭的印记。清代末年拍摄的鼓浪屿岛上的最高峰日光岩，当时还光秃一片，本地人叫它"岩仔山"，外国人称为"骆驼峰"或"印斗岩"。在画面上，这块巨岩上有"鼓浪洞天"、"鹭江第一"摩崖题刻，横幅"天风海涛"尚未镌刻。那个时期，停靠在鼓浪屿龙头码头载客运货小舢板，是当时主要的海上交通工具，与今天的厦鼓渡轮不可同日而语。

　　从1906年拍摄的厦门港口风貌的照片中，可以追溯厦门从海岛渔村发

【71】

百年前的厦门港城旧影（郑宪）

展成国际港口的印记，可以见到厦门初开埠时仍存有浓厚的乡村气息，直至20世纪30年代，从鼓浪屿山坡远眺升旗山和厦门港，厦门沙坡尾一带只有零星建筑物。

从其他画面中又可以窥视到，港城厦门的发展得益于海外贸易的兴盛和海洋文化的熏陶。那些开辟马路、楼房景观、风景名胜等老照片成为忠实地反映厦门在各历史时期地域风貌的诗章，特别是豆仔尾（兜仔尾）开辟马路时的照片，画面上已经有了轻轨设施，可见港城厦门早就吸纳先进技术，得风气之先。在厦鼓全景的照片中，在骑楼街景的画面里看到了中西文化的交融，珠联璧合的范例。所有这些又借助影像的纪实魅力，流传下来。

真实纪录再现港城艰难成长

在展出的历史照片中，我们发现了一幅有点异样的照片，图片上还附有一段报纸的文字，记载了1900年8月23日夜，日本领事馆制造东本愿寺自焚事件。24日，日军以此为借口，强行登陆厦门。29日至30日，英、美、法、德、俄等国为维护各自利益，也派军舰进厦门，日军被迫撤回。事件平息后厦鼓全景照片上附有一段英文，明确写着日期为："1900年9月8日。"

古城年轮

1908年所拍"将军庙"图片，原址在将军祠一带，据传分别祀奉吴英和施琅两位将军。1938年日军侵占厦门，见庙中有抗日标语，即将其摧毁。1934年拍摄的"吴氏宗祠"，规模宏大，曾为延陵小学校舍，是厦门岛上典型的传统建筑。1938年日军侵占厦门后，因发现有抗日标语，便进入其中，肆意破坏，有些精美构件被捣毁或窃走了，其原址在今174医院宿舍后面。厦门将军祠，历史上还存有非常精美的明、清牌坊群，有纪念威略将军吴英的"勋崇山海"坊，有纪念施琅将军收复台湾的"功高大树"坊，还有表彰陈化成殉国的"钦赐祭葬"坊。1938年5月，全部被日本侵略者炮毁。

展出的这些照片也呈现了近代以来在厦门崛起的民族工商业，以及洋行、医院、学校等在厦门城市发展中留下的印记。

人文景观描绘往昔生活情景

一方水土一方人，厦门的民俗风情当然是百年前那些摄影师们的聚焦点，普通百姓的衣食住行，生产、生活的细节，民俗活动的场景等，在今天看来，都足以让人寻味、回味。1901年，外国人在厦门所见到的牛拉石碾加工食品的场面。1905年，农历端午节，厦门港渔民在厦鼓海峡举行每年一度的龙舟赛，吸引众多市民观看的情景，画面显得动感十足，气氛活泼。端午赛龙舟这一民俗活动直到今天在厦门依然盛行。

在这一次展览中我们发现，一些厦门民众生活习俗的图像，有的还留有邮戳。有关工作人员告诉我们，这些图像和其他有关厦门的照片，当时被一些邮局印制成明信片，作为邮品向世界各地传播。厦门的民俗风情，港口风貌，早就随着这些邮品，扬名于世界各地。百年之后的今天，厦门早已今非昔比。但历史留给我们的，则是一笔多姿多彩的文化遗产。

百年前的厦门古城门前景象（翁如泉）

闾巷履痕

LUXIANG JIHEN

中山公园、天一楼、普佑街、九条巷、美头社、百家村、嘉福古厝、沧江古厝、五通、灌口、小嶝……

历史与文化仿若一座城市的情韵。即使在闾里乡陌，那些老房子的遗存、市井的传奇和岁月的痕迹，也闪烁着璀璨的光芒，一座美丽的城市刹那间生动起来了。

中山公园展痕

中山公园改造的序幕已经拉开，将于2008年"五一"前竣工，这个已有近80年历史的公园再次引起了人们的关注。进入其间，越深度地追溯和寻味，也就越觉得中山公园的文化内涵，绝不止那些美丽的草坪和亭台楼榭。公交车在公园东路恰好有个站，甫一下车，没有围墙的中山公园就展现在眼前。从东门进入，一带绿水呈现在眼前，水上有桥曰蓼花桥。园中一位老厦门告诉我们，这道绿水原名蓼花溪，它原是发源于万石山，流经现在的蓼花路，在《厦门日报》旧址一带打了个弯，逶迤进入到公园内。

中山公园1927年开始营造时就巧妙地利用自然山水，在公园内，现在还可以看到溪沙溪、荷庵池和荷庵河等水域。这些水系在营造公园前都是天然水系，当时中山公园的设计者是一位叫作周醒南的，他的设计思想就是利用自然，保护生态，他把当时规划为公园区内的水系进行了巧妙的调度，这条蓼花溪似乎成了一道"主渠"，通向西门的一个涵洞。而原有的水系也经过人工改造，使它们环环相连，因此在雨涝时，公园的水系还起到了排洪的作用。

周醒南在规划中不仅巧用天然的地理形态，而且还注重对区域内的人文景观进行保护。中山公园内留有许多人文胜迹，原来在园内有状元陈文龙庙、菽庄吟社、妙释寺等，特别值得一提的是，当时把位于公园西南侧的前清道台衙门的后花园也划进公园之内，这处"道台爷"的休憩之地，在清代是普通劳动人民无法企及的地方，留有许多当时的题咏，归入公园之后，它成了普通民众游赏的地方。1931年，中山公园建成，在全国同名公园中最具特色，被誉为"华南第一"。

魁星山，摩崖石刻诉沧桑

彭一万先生所说的道台衙门后花园，就在公园内的崎山（俗称魁星山）一带。我们沿着并不太陡的石阶登山而上，在半山腰，摩崖石刻便随着我们的攀登从岩石上展露出了风采。一块巨岩上刻有四个大字："三巡鹭江。"下署观察使者楚北曾宪德识，时间是清同治六年（1867年）。原来这位曾宪德曾经3次来到厦门，任兴泉永道。按当时的惯例，道台要巡视鹭江及金厦海域，因此"三巡鹭江"，蕴涵了他三任兴泉永道道台，特别是在他任内的同治三年（1864年），他还做了一件颇有意义的事，1841年英军攻陷厦门，霸占了道署，后来还拆毁道署，改建领事馆。同治二年（1863年），清政府收回道署旧址。第二年，曾宪德主持复建道署，并建还珠堂以纪念这段

魁星山是清道台衙门后花园（白桦）

晓春桥旧影（白桦）

历史。因此，这处石刻与现存于原市图书馆大院内刻有《重建兴泉永道署碑记》的石碑可互为印证。

　　沿着石阶上行，还有一处石刻"石瘦松肥云痴鹤老"，表达了一种幽闲清雅的意境。可见当时的官僚在公务之余也是很懂得享受天然逸趣的。我们细细品读，"石瘦"自然是景物的描绘，"松肥"则有点费解，不过我们发现就在题刻不远处长着两株古榕，前者盘根石隙，后者屹立地面，气根垂荡，生机盎然，堪当一个"肥"字。而眼前茂盛的榕树与嶙峋的岩石一比，自然显得"石瘦松肥"了……

　　登上山顶，眼界豁然开朗，在山顶上矗立着一个亭子，亭子的两边各有一个小小的观景台。据说这两个观景台一个是望山，一个是观海的，东边的观景台至今仍可远眺万石山的景色，而西边的观景台只能够望到一片水泥丛林了。据说原来魁星山下西面的数百米之外，就是大海，后来建成了厦禾路，海岸线便一直前移，现在根本是无海可望，真是沧桑巨变啊！

系情感，游子记忆剪不断

思明区园林公园管理中心的匡鑫书记告诉我们，中山公园近来还成了寻根之地。前不久，有一位姓王的女士怀着前辈的嘱托，前来寻访一处公园内的通俗教育社。

据说这个教育社和台湾有深厚的渊源；而现在正在维修的花展馆则是厦门第一所美术专科学校的旧址，从这里走出到南洋创新画派的人才，对这一段逸史颇有研究的彭一万先生向我们娓娓道来。那时中山公园甫落成，现在的南音宫这个地方是个通俗教育社，这个教育社成了来厦台湾青年聚会的文艺沙龙。据台湾著名学者庄永明记载：20世纪二三十年代，台湾时兴一种新的"新剧运动"，其中的主要人员大都是由厦门通俗教育社出身的。1923年，彰化县新社成立，由厦门读书回台的陈嵌、潘炉、谢树元等人召集了有关人员后，创作新剧，影响巨大。

中山公园的另外一个地方即现在的花展馆这个地方，兴办了厦门的第一所美术专科学校，不仅为厦门培养出了许多杰出的美术人才，其中一批教师、学员，如黄燧弼、林学大、钟泗滨等前往新加坡创业，在南洋创办了美术学院，形成一个新的画派，称为"南洋画派"，至今对东南亚一带的美术仍产生着影响。

在公园内，我们无意中有这样一个发现，在一座桥前有块石碑，上面记载着同安马巷人（现翔安）林君廷在南洋创业有成，不忘乡梓，嘱咐他的儿子林金殿特地在中山公园内造了这座桥，以志对家乡的情感。

早年华侨在中山公园建桥的碑记

探寻百家村掩藏的史迹

万寿宫：官员听旨处

在百家村旧城片区内，最让人耳熟能详的莫过于深田路、百家村白鹤岭。2005年的一个下午，我们走进深田路，厦门日报社的旧大楼仍然矗立在翠色掩映之中，方文图老先生告诉我们，就在日报旧大楼和原二轻局的大院里就藏着一块宝物和一段历史。

在这里，有一块面积约三四平方米的古代"祥龙"石雕，这个石雕可大有来历，因为以前这里有一座万寿宫，在封建时代里可是级别极高的建筑物。因为每逢皇帝下诏书到厦门时，厦门的文武官员都要集合到万寿宫听圣旨。后朝代更迭，历史前进，万寿宫旧址建起了西式洋楼，这块石雕藏身洋房下，是万寿宫仅存的遗物。我们仔细端详这条"祥龙"，但见它张牙舞爪，怒发眦裂，活灵活现。方老告诉我们，万寿宫建在深田路，这一带都是田地，一个级别这么高的建筑物为何建在这里，众说纷纭，有人说当年顺治皇帝做了个梦，梦见跌进深田，下诏询问，因而厦门的深田就建了这座万寿宫。据说平日宫里供奉着一块"当今皇帝万岁、万岁、万万岁"的牌位，万寿宫前的小道旁立有"文官下轿，武官下马"的石碑，可见它依然拥有皇权的尊严。

由此又引出了一段民间传说，早年万寿宫前只有一条小土径，到这里朝拜的官员，每次都会被溅得满是污泥。直到道光年间（1821—1850年），厦门一个叫苏水的有钱人捐钱买了个官做，可是他既不懂礼仪，又喜好张扬、讲排场。一次经过衙门时敲锣敲了13下，超过"规格"，按封建制度可是要受严惩的。这一下地方长官终于逮到了个惩治他的机会。时任兴泉永道的周凯，暗示只要他出钱在万寿宫前面修一条石板路，就放过他。苏水也很识相，立即满口应承。在万寿宫周围修了约五里的石板路，可惜现在这些石板路已经荡然无存了。

方文图先生在"祥龙"雕前讲述万寿宫（郑宪

深田路：旧迹留韵味

20世纪二三十年代，在白鹤岭深田一带，陆续建起了一些洋楼，特别是在靠近现文园路一侧，建起了百家村，还曾被誉为"模范村"，一些国内外的商人也在这里营建了别墅和豪宅。在深田路中段有一座望城楼，这座现在看起来不起眼的两层楼房，民国时，厦门一位叫王云峰的画家就住在这座楼里。他把这处居所称作"望城楼"，自称"望城楼主"。解放后，

深田路前段曾经有一家闻名遐迩的蚊香厂，生产的蚊香除了在本市市场畅销，据说还销往海外，现在蚊香厂的部分旧址成了绿化地。特别是解放初期深田路42号的三栋大楼，曾一度作为厦门市委机关大楼，而解放前，这里曾被日军占领，作为他们设在厦门的侵华最高机构——兴亚院厦门联络部所在地。20世纪70年代复刊的《厦门日报》，其大楼也在这里落成（现已乔迁吕岭路新址）。几年前，厦门市第一幼儿园的园址也在深田路一带，它曾经是多少家长梦想的让自己孩子进行学龄前教育的地方，后迁到（公园东路）更宽敞的新址。人们也很难忘记，现在矗立在公园东路上的那株老榕树，当年老树下居然还有一座老树茶馆，已成了人们的记忆。城市建设就是这样，有些会失去，有些会保留，有些只是让人们在回味中咀嚼它的韵味。

白鹤岭：小八景换新貌

百家村旧城片区内，曾是一个天然景色极其优美、历史积淀丰富厚重的地方，这一带原是厦门小八景之一的白鹤岭。据说岭上的岩石像一只展翅的白鹤，朝着深田的方向飞下，因而这一景致称为"白鹤下田"。另一说是古代白鹤岭有白鹤栖息，白鹤经常飞到深田一带觅食，所以就有"白鹤下田"的说法了。旧时这儿还有源自西山流入魁星河的蓼花溪，边上还有东岳河等水域景观。人文遗迹除万寿宫外，还有相公宫、济寿宫、白鹤岩等，但这一切已在多次城市建设变迁中被湮没了。

我们来到白鹤岭，岭上都是密密麻麻的房子，难以见到"白鹤"的状貌，似乎白鹤已去。山色已改，倒是在路边有一块岩石嶙峋可爱，给人以一种回归自然的遐想。而今百家村也走到它的转折点。据有关方面消息，百家村旧片区的改造已规划出一个优美的前景，白鹤岭将划分为岭南历史街坊园区，岭北溪岸工坊生活园区，定位为高品质城市生活社区，最新最美的图画即将向人们展开。

回眸处鹤岭当门展画图

百家村，旧名深田内。百家村始建于20世纪30年代初，号称模范村，为当年市政建设中，供小户房屋被拆迁者换居的过渡设施，"共屋椽百间"，故名百家村。其后陆续扩展，拥有以深田路、百家村路、中兴路、自强路主要马路和以合群、协和、民治、光荣等小路及民居店铺，其中深田路的专名则保留了当地的旧称。

古时，深田内是厦门城郊一片田野，蓼花溪流过这里，又有源出阳台山经白鹤岭的带溪的灌溉，泥深地沃，多种水稻和其他水生植物，其间也有聚落，名深田社。

深田内的东边为白鹤岩，山间小寺，环境幽静，有人曾用"野云度岭疑归鹤，涧水流霞想落花"之句形容它的景致，誉为"白鹤下田"，列厦门二十四景的景外景。清末厦门诗人王步蟾因写道："白鹤岩高白鹤飞，野云度岭想依稀。流霞涧水今犹昔，不见仙禽傍晚归。"可见近百年前，白鹤岩还是一派自然美景。清乾隆年间（1736—1795年），张锡麟写的《深田坐雨》诗则作了较多的描写："蒙蒙时雨涨平芜，屋近田间事事殊。陇上泥深催播谷，阡南客至唤提壶。魁峰拥榻开生面，鹤岭当门展画图。何日新晴看瀑布，倦来便借短筇扶。"

深田路上的老房子（郑宪）

觅旧迹，宫庙地名故事多

　　历史上，白鹤岩的山脚下有一座济寿宫（庙址相当今中兴路门牌34号），据《厦门志·祠庙》载："济寿宫，在深田内，祀汉北地王之神。"北地王即刘谌，蜀汉后主刘禅的儿子。魏景元四年（263年）十月，邓艾率兵入蜀，破绵竹。同年十一月，刘禅降魏。刘谌却不肯投降，他先杀妻子，而后自杀，是位气节高尚的王子。因此得到后人敬重，立祠纪念。另一史迹是蓼花溪尾的相公宫（遗址相当于现蓼花路门牌8号右邻），是供奉唐乐官雷海青的神庙。

　　深田内这里的相公宫也和地名有关，据文献记载，宫前的溪流，古名庙仔溪，其后转讹为廖仔溪或蓼仔溪，并且雅化成蓼花溪。

　　再则，矗立在中山公园东门内的纪念碑也和百家村的建设有点关系，1930年春天，为建该村，迁移了王永朝家在深田内的祖茔，因此王家可领取1000元赔偿。王永朝却到中山公园办事处声明，为了纪念孙中山先生，愿将该款并增加捐献以建华表。所请得到公园办事处的赞许，遂以造价7200元建成这座巍巍的纪念碑。

海渡传奇天一楼

天一楼又名"庆让堂",落成于1921年,外貌巍峨挺拔,气势不凡。精雕的花岗岩基座,红砖的墙体,堆塑的西洋花式窗楣,加之以半圆形探出式的门庭及阳台,整幢天一楼仍展现出了一种精致的布局、结构、色彩和雕琢之美。

天一楼外形虽是西式洋楼,但其建筑构思却含蕴了深邃的中国哲理。天一楼有门楼、中庭、后楼三进及一列边楼,实有房间60间,合一甲子之数。若将阳台、角亭、边台全部计算,则有72间之数。楼体及内部装饰,博采西洋花式及中国吉祥图案,突出体现天人合一的中国哲学思想,尤其独具匠心的是,楼下大厅的水泥天花板,竟是用中国的九宫图像浇铸而成,真是一处西式外体蕴涵东方哲理美轮美奂的经典之作。

厦门自1843年辟为五口通商口岸之后,同安石浔的吴姓族人纷纷来厦门的码头打工。这年,同安石浔村因荒年,庄稼无收,年方十三四岁的吴文渥、吴文褪兄弟,跟着族人来到厦门的码头谋生。几年之后,兄弟俩购置了一条小舢板,专为来往于厦门、鼓浪屿的客人摆渡。某天有位洋人雇了这小兄弟的船,从厦门到鼓浪屿,洋人匆匆上岸之后,忘记将一包行李忘带走,行李内有财物和许多证件。憨直的兄弟俩,不再渡客,把船泊在岸边专等失主来寻,直待到傍晚时分,仍未见到失主前来。这时小兄弟突然发现,相邻码头上的人群里有个人像是洋人渡客,在那儿悠转,小兄弟把船栓住,上岸寻那洋人。原来那洋人匆忙上岸回到住处后发现失了行李,返回码头寻找,但由于路径不熟,竟找到相邻的码头去了。那洋人重

要财物失而复得自然高兴，但他更有感于这两位中国青年的诚实。原来这位洋人是英国亚细亚煤油公司中国商务代表，他正在筹设厦门分公司。洋人建议兄弟俩学习经商，答应让他俩进公司工作。过不久，厦门亚细亚（地址在今鹭江道邮电大楼隔壁）开业，经营批发汽油、蜡烛、火柴等民生用品，兄弟俩成了厦门亚细亚的职员，后来一直升至经理。这些商品在当时的厦门不仅畅销，而且利润可观。后来洋人又将渣华轮船公司交由兄弟俩代理，几年之后，兄弟俩就发了家，因此决定在思明西路建造住宅。据说兄弟俩因经营的物品都隐有"火"，因此取"天一生水"，水能制火，水能生财之意，将楼名定为"天一楼"。此中还有一段佳话：吴文渥、文褆兄弟双双创业，由赤贫而成巨富，天一楼落成之后，谁当屋主又互相谦让。后来兄弟又住一起，大哥居右，小弟居左，兄友弟恭，互为礼让，这就是"庆让堂"的来历。

现在的天一楼，由有关部门代管，住户多处搭盖，原貌已非，只是门庭、厅堂、角亭等处偶露峥嵘，可见昔日风采。

天一楼（白桦）

中西合璧的红砖楼

中国封建王朝的最后一个年号是宣统。宣统三年（1911年）又是封建王朝的最后一个纪年，就在这一年，厦门禾山枋湖村一幢历时三年建筑面积数千平方的红砖楼建成了。这座红砖楼有它的特殊历史标记，它的主人是在封建王朝的最后几年被清廷诰封为资政大夫的廖成力。因此当时落成的这座红砖楼便称为"资政第"，又称"万石楼"。它的另外一个特点就是建筑风格一改闽南许多大夫第传统的红砖大厝的方式，而采用洋楼的方式来建造。

廖成力是一位颇具传奇性的人物。据说他少小家贫，以致上了几年私塾之后就辍学了，浪迹市井。有一天，一位族人要去南洋，他就随之前往

万石楼（白桦）

菲律宾，据说后来还是族人写信告诉他家里，家人才知道。没想到，凭着他的勤奋与聪明，在海外奋斗数年，居然称为一方首富，并捐献巨资给朝廷，因此得到了诰封。据他的后人说，这位少年失学的富商，在从商生涯中，广采博闻，弥补失学的遗憾，在数十年间，他笔耕不辍，撰写了个人的文集、诗集与航海日记，记录环游世界的丰富见闻，并擅长绘画。他非常善于吸纳新的文化，并与传统文化融会贯通，这在万石楼的整个建筑布局上得到了充分的体现。

万石楼采用了中西合璧的建筑方式。楼下是青石精雕的匾额，上书"万石楼"，署有"宣统三年"字样，左下方落款为"廖寿颐"。整座楼的所有地面均用南洋花砖铺成，而窗棂屏风则为纯粹的中式典雅风格。在楼下的大厅内，我们还有一个意外的发现，是一根长达六七米的旗杆搁置在天花板上，我们感到蹊跷。主人解释说，我们闽南人有了功名，要在其大厝前竖立旗杆石。其实旗杆石中间就是要夹着一根木质的大旗杆，可惜多已毁损，这根大旗杆就是当年的实物，由于木质特好，直到文革时还竖在旗杆石上。当时旗杆石被砸了，人们觉得至少旗杆还可以烧火，要求保留下来，但是锯也锯不动，只好把它搁置起来了。二楼上则悬挂了资政第的匾额，在巨大的厅堂上，是一个金碧辉煌的神龛，据说廖成力对祖先非常崇敬，当时聘请匠人在家里雕琢了三年乃成。而在二楼的房间里也铺着华丽的南洋花砖，还建有西式的壁炉，冬天可以烧火取暖。在楼体的门庭则采用了闽南的巨型砖雕作为装饰，内容不同于常见的花鸟题材，而以闽南戏曲故事为主题。

在主楼之外，还建了一座副楼，称为退思楼，是他的书房。据说廖成力晚年就住在这里，撰文绘画，以颐天年。退思楼房间的墙壁上，我们蓦然发现，有许多廖成力的亲笔题字。清朝末年，廖成力虽被朝廷诰封，但却看到了政治的腐败和国家革新的必须。因此他奋笔写下"唤醒国家魂"，题词于辛亥革命爆发前一个月。同时还有一些他亲自绘就的画作，可惜好些已经斑驳脱落，但从现存的遗墨看，颇有文化造诣。

可惜这座号称禾山最大红砖楼，在历经岁月沧桑之后，似乎被人们所遗忘了，更谈不上保护，建筑上的一些精美雕刻被损坏或窃走，让人感到十分惋惜。

万石楼的砖雕（白桦）

万石楼正门（白桦）

万石楼廖成力的书法（白桦）

普佑街：挥不去的情结

金粉世家俱往矣

走在思明南路中段（定安广场对面）的骑楼里，衣着光鲜亮丽的都市年轻人步履匆匆，一家家装修时髦的商店里顾客如潮，这些摩登的商店间有几个巷子口，人们似乎不屑一顾。殊不知这些与繁华喧闹仅咫尺之隔的小巷深处，却负荷着厚重的人文。一跨步间，我们进入了普佑街。

普佑街里，全然是另一番光景，逼仄的巷子，古老的石板路，一切仿佛一位躲在摩登世界背后的沧桑老人。行进间，一座精工雕造的牌坊吸引了我们，牌坊正中"大总统题褒'孝阙增光'"等字样映入眼帘，小巷里有如此历史人物的题字，忍不住要追问原由。一位老人告诉我们，普佑街一带很早以前就聚居着黄姓族人，在已荒废的黄氏祖祠后还残存着一根联柱，上题："瑞启桑莲荣分朱紫。"

清末民初，黄氏家族出了几位经商有成就的人，黄世金就是近代厦门最大的民族实业家之一。他投资、兴办了近代厦门最有影响的四个企业中的三个，即电灯电力公司、自来水公司和淘化大同公司。他还曾经任过鸿麓小学、同文中

普佑街的黄家古牌坊（白桦）

普佑街的黄家老宅（白桦）

学的董事长。在20世纪20年代修宗祠表彰其父（孝子黄传昌）时，民国总统黎元洪为之题字，并建造了这个牌坊。家住牌坊边的厦门楹联学会副秘书长陈力杰先生指着牌坊中的一副对联"江夏宗风千秋名不朽，中华褒典百善孝为先"后说，这是当时福建督军兼省长李厚基题写的，联意表达了黄氏家族的源流家声和儒家重"孝"的思想。

采访时，住在黄氏旧宅区50多年的老太太说，以前的黄宅非常气派，占了普佑街大半条街。宅后有座花园，内有石雕，厝后有片梅花林，梅林边还建有专供黄家学童入读的学堂。整片黄宅都显示着富贵人家私家园林的大气。

骚客风采犹可追

普佑街犹如一根扁担，一头挑起广平巷，一头挑起周宝巷，广平巷和周宝巷是文人名士辈出的地方。据说广平巷在明代就有河北人聚居，而附近台光街的新街礼拜堂则体现了对外来文化的包容。

黄家老宅里的精美家具

周宝巷以周殿修、周殿薰（字墨史）兄弟皆于1897年同时中举，且其试卷都被刊在"闱墨"而出名（周殿薰赴京殿试一等）。周殿薰曾任玉屏书院大董，思明修志局局长等。广平巷里也曾住着三位相隔仅十几米且过从甚密、颇有名气的人物——虞愚、谢云声、苏警予，人称"广平三杰"。虞愚生于厦门，毕业于厦门大学，先是留校任教，后还被中国社会科学院聘为研究员。他既是著名因明学家和书法家，又是诗界巨擘和联坛高手。谢云声，民俗学专家，曾任多家报社副刊主任，还当过学校的校长。他编著的《灵箫阁谜话》颇获好评。苏警予是位诗人，擅书法，20世纪30年代，他与谢云声、陈佩真合编了一部内容丰富翔实的《厦门指南》，至今仍是有关厦门人文地理、民俗风情、旅游资源的主要参考书。

蓦然回首，老街已在时间的长河中，伫立成一段繁华的缩影，尽管有些模糊。和外面的灯火辉煌比起来，它仍有一种异样的光彩。这里的名人古迹，这里的文化底蕴、历史内涵都赋予了它得以长存并且闪光的营养，使它不致湮没在都市现代化建设的步伐里。据有关方面的消息，中华片区一期开发的商业广场，即普佑街周遭紧靠思明南路一侧，占地近4万平方米，这一地块将作为纯商业用地，人们将倍加关注。厚重的历史文化遗迹，如何在当代新商业区展现其独有的气质，将是开发者的新课题。

周殿薰故居（白桦）

周殿薰故居里的井（白桦）

黄家老宅的往事

关于普佑街的黄家老宅，经历了近百年的风雨，虽显得老旧，但却掩饰不了昔日的繁华，老屋不仅以其华丽的内在，融合了东西文化交流之美，更负载了一段鲜为人知的人文故事。

老宅中有一栋中西合璧的经典建筑。它的外表装饰着欧式的花卉，窗口阳台却是中式的亭子。在内部结构上，楼梯用的是珍贵的紫檀木，厅堂则融合了东西方艺术之美：中式的描金雕花屏风，比利时的玻璃，爪哇的花砖，欧式的壁炉……都聚集在这里"洋为中用"。这一切连同当时建屋所置办的古老家具都保存完好。宅内的陈美珠女士向我们介绍说，这里有一个当年黄世金的弟弟黄世铭先生使用的梳洗架，脸盆嵌在一个可开合的立式小柜里，架上还安有水龙头和西式肥皂盒。她亲自为我们演示它是如何使用的。据说这在当时，算是相当先进的洗漱用具了，是个舶来品。特别让人感兴趣的还有一件英式"沙漏"，这洋玩意儿相当于现在的饮水机。

黄世铭虽然家资巨大，但生活上却不奢侈，他之所以青睐这些舶来品，主要是当时西洋的生活用品确实做得比国内科学。陈女士说，黄世铭平时生活俭朴，衣饰不追时尚，好几年才做一次新衣。曾有一次，黄世铭从新加坡回厦门，应邀参加乡绅聚会，他挑不出时尚体面的衣服，市面上有一件他中意的马褂，标价25元大洋，他舍不得买，仍穿着旧衣服去会见朋友。黄世铭虽然生活上有点西化，但在思想上却是一个坚定的爱国者。他教导子女做中国人无论是否身居海外都要忠于祖国，他的儿子们谨遵父亲教诲。当日本军国主义入侵厦门及对东南亚进行侵略时，他们都表现出了高尚的气节，宁死不屈。黄世铭的四子黄士洪，1939年香港弥尔顿大学无线电专业毕业后回到厦门工作，1942年侵厦的日军，得知他掌管无线电设备和有关密码，逼迫他交出，他宁死不从，后于厦门虎头山下惨遭日军杀害。抗战胜利后，当时的政府为表彰其爱国情操和坚贞气节，颁布了"义烈可风"的匾额嘉奖。黄士琰为黄世铭五子，毕业于厦门官立中学堂，曾长期为菲律宾华文报《新闻日报》撰稿，历任马尼拉中华总商会、华侨抗敌后援会执行委员文书主任等职。在马尼拉被捕，后死于狱中。

因为这栋老屋里不仅有先辈创业的轨迹，有中西文化交融的印记，有为国捐躯者的遗物。总之，这栋楼负载着璀璨的人文。而遗憾的是，这幢黄家老宅竟于2007年5月被拆除，令许多厦门人感到不可理解。

老街上追寻抗日遗迹

刺杀日酋事件

2007年的夏天，我们顶着骄阳来到思明西路，这条厦门知名的老街现在单号的一侧已开始在进行旧城改造，但历史的记忆却永远地凝固在这条街上。采访中，一位年近八旬的老先生告诉我们，1938年5月，厦门被日本占领之后，这一带和大中路被称为所谓的"日本街"，曾有许多各地洋行。

大中路和中山路的交汇处，在抗日战争期间，有个日本人开设的"喜乐咖啡馆"，实际上是侵占厦门的日本名流、特务、间谍、日军头目等出入的场所。1941年10月26日，闽南的爱国志士在这里演绎了一场惊天动地的大事件。一名一向骄奢淫逸的特务头子，侵华日军华南情报部长泽重信，偕同伪《华南新日报》社长、汉奸林谷刚要跨进这家咖啡馆时，遭到了爱国志

拆除中的老街洋行旧址（志明）

士汪鲲、苏群英的枪击。

汪鲲是国民党军统的专业人员，枪法很好。子弹射出后，泽重信一命呜呼。咖啡室内的日本人听到枪声出现，已不见"凶手"踪影。过了几分钟，日本兵才开始戒严，大肆搜捕无辜群众。

这次刺杀行动给侵华日军当头一棒。据了解，泽重信的墓碑作为抗战文物已被厦门市博物馆收藏。

升平路留下台湾抗日义勇队踪迹

从思明西路"民主大厦"继续往前走，这里还有一处与抗战及厦台两岸有关的重要史迹，那就是当年台籍将领李友邦将军和他率领的台湾义勇队曾经住过的地方。这是一幢红砖楼建筑，原貌犹在，在民立小学的左侧斜对面，门牌为升平路4－10号。是李友邦将军及其率领的"台湾义勇队"返台前在厦门的驻地。

李友邦将军出生于台湾，祖籍同安（今厦门集美区后溪，另一说是在海沧区），自幼目睹日军在台湾的暴行，产生了强烈的爱国热情和民族正义感，立志要推翻日寇统治，争取台湾解放和民族独立。抗战爆发，他提出了"保卫祖国，收复台湾"的口号，号召全国各地区的台湾同胞，共同参加中华民族的抗日救亡运动。以此为基础，李友邦将军组织和成立了台湾义勇队，亲任队长。这是一支主要由台胞组成的革命队伍，也是台胞第一次有组织的以团体的方式参加到祖国的抗日行列。回顾这段历史，令人深有感慨：祖国的"对日抗战，台湾人没有缺席"！

老先生告诉我们，台湾光复前后，李友邦将军及其率领的台湾义勇队在厦门从事了许多抗日和帮助台胞的活动，通过各种渠道，援助了大约七八千名流落在厦门的台胞。这些台胞因不堪忍受日本帝国主义的残酷压迫，纷纷逃离台湾本土，离乡背井，散居厦门一带。生活上衣食匮乏，

路前台湾抗日义勇队驻地（郑宪）

台湾抗日义勇队庆祝台湾光复（洪卜仁）

饥寒交迫，在日本已宣布投降、台湾尚未光复之时，许多人仍返乡无望。在这种背景下，李友邦和他率领的台湾义勇队拨出部分活动经费，并发动捐款、筹集资金，援助留厦台胞，以解台胞生活上的燃眉之急。1945年9月3日，李友邦派副队长张士德，携带一面国旗先行飞赴台湾。这面象征收复台湾的国旗于次日在台北市台北宾馆冉冉升起，宣示着台湾光复在即。10月10日，李友邦将军组织台湾义勇队员在中山公园悬挂国旗，公开庆祝当时的"双十节"。10月25日，获悉台湾光复，他们再次集会于此，欢庆这一激动人心的时刻。

抗战胜利后，台湾船只最先与厦门复航

我们顺着升平路一直走向鹭江道，看到了大海，站在鹭江岸边的和平码头，面迎无垠的大海，极目远处，海天一色。海风袭来，处处透露着繁华都市的现代气息。

这个码头，有着特殊的历史印记：抗日战争胜利之后，大海对岸的祖国宝岛台湾的船只最先与祖国复航的地点是厦门。据重庆《大公报》1945年10月12日报道："台闽试航成功，台湾货船抵厦门，船主以台湾既已返归祖国，请以国货待遇报税。"这条货轮是自日本侵占台湾半个世纪以后，首度以"国轮"的身份登陆中国大陆的第一艘台湾船只，它驶向的目的地即为此刻我们所探访的和平码头一带。历史上这一带称为妈祖宫码头、水仙码头，时常有许多台湾船只在这里停靠。现在我们只能在老相片中一窥它昔日的面貌。洪老先生告诉我们，作为厦门人，尤其要记住历史的这一页。

涛声遗韵美头社

古美头社位于筼筜港的南岸,当代人已很难想象现在距筼筜湖千米之遥的地方,当年员当港的浪涛就直接拍打在美头社的崖岸上。这里曾经是禾山特别区署所在地,曾有通往内海外港的古码头,这里依稀能嗅出那股淡淡的古渔村特有的海腥味儿,人们早已无缘品尝当年产自这个渔村有名的"美头蚵"。现在,这里的地名叫做美仁前社、美仁后社和袁厝。早已被水泥丛林包裹着的多座古老的闽南大厝,却凝固了筼筜港的涛声遗韵。

古美头社里,许多古厝的墙头长满了草,却没有被拔掉,因为按老厦门人的话说"人住房,草才旺,越住越兴旺"。虽说大厝里的居民已换了几代人,屋内演绎过的历史故事依然精彩十分。当年美头社的村民多数姓陈,现编美仁前社1号的马鞍式古厝,记述了一个古老的故事:清代的陈朝阳,一位渔村的孩子,从这里看到了"外面的世界很精彩"。于是他从村中的码头登上了远赴南洋之路,开始创业之旅。陈朝阳经营过木材公司,做过布庄生意,凭着勤劳与智慧,迅速发迹,成为美头社远近闻名的富豪,并在这里盖起三座大厝。他夫人乐善好施,村里人亲切地称之为"阳婶婆"。世居在此,现为陈元光学术研究会秘书长的陈慧续先生回忆道,奶奶阳婶婆是善良之人,一辈子也没离开过美头社,逢年过节时,总要发些粮食给一些穷苦人家。原先美头社那纵横交错红砖小路,也是她出资修成。甚至当年修建区署(遗址约现美仁居委会所在地)时,她还捐赠了1000块大洋。

面向海洋的渔村,自然有宽宏的气度。这个陈氏为主的渔村,陆续有

美仁前社鸟瞰（白桦）

别姓入居。美仁前社9号、11号是沈部爷的故居。据说沈部爷是前清的刑部尚书，安溪人，当年辞官回乡，到过美头社，见这里风水好，干脆在这里卜地建屋定居下来。原格局为大六路三进两护的大厝，现在在小巷里突兀一角，气势不凡。大门上"簪花"、"晋爵"的金字仍清晰可见，沈部爷的第三代子孙、78岁的沈老太还记得宅内原悬着的三块题有"文魁"、"举人"、"进士"的匾额。匾额和沈部爷的官服画像在文革中被毁了，以至沈部爷的确切名字子孙们也说不清。但横梁上挂匾额的印迹留存下来，抹不去沈部爷曾经拥有的那段辉煌，更抹不去至今仍旧流传在民间的一段关于沈部爷的佳话。听老人们说，当年厦门港的渔船曾遭遇到一次特大火灾，渔民们无家可归，处境悲惨，官府不关心此事。沈部爷毅然向当局请命，终使渔民们获得赈灾救济粮，沈家也从此在这一带树立起声望。至今长住这里的老人，仍津津乐道沈部爷的故事。

将离开时，细雨霏霏中，数道镶有琉璃剪粘的凌空燕脊又吸引了我们，当我们叩开这座古厝的中门，才使一个精彩

美头社的古韵（林剑影）

的故事免被遗漏。原来这是清代长泰武庠生林鼎玉的宅第，现编美仁前社19号。一块由后代子孙几经周折，保留下来的林鼎玉墓志铭放在老屋内，经原市方志办副主任方文图先生诠释，我们得知：林鼎玉，生于清咸丰元年（1851年），长泰人，年三十进县学，郁不得志。他对渺茫的科举之路失去了信心，尝言"大丈夫胡可以此终志"，遂弃而从商。来厦门贩红烟，出没于街头巷尾，从小生意做起。后来在人和路开设美南丰栈，发达起来，把生意做到了泗水、实叻，成为一方大富。对厦门新街幼稚园、鼓浪屿女学堂等教育事业，"糜不倾囊以倡"。

这座房子并非林鼎玉所建，是林家买的。进住后，生意日渐发达，子孙兴旺。时至今日，林家宅第保存完整，厅堂上挂有林鼎玉的画像和书法楹联，整座大厝仍显出古典之美。

闾巷深深有大观

厦禾路与开禾路交界的三角地带，面临鹭江，自明末清初起，这里逐渐成为商旅云集，人脉稠密之地，汇集了外来移民及各种民俗风情，是了解厦门民俗文化的一扇窗口。河仔墘、九条巷、小打铁、八卦埕等小巷相互毗连，也就是厦门话说的"近街僻巷""近街"的腹地。

河仔墘老街余韵

从河仔墘进入，在这些有两三百年历史的青石板路上，似乎是时光回溯，两米多宽的小街上有数十家鱼铺，那些剥海蛎的渔姑娘与购买者，构织了一幅海市风情图。据说这条巷街的渔市已有50多年，却包容了厦门乡土文化的一颗亮星：已有110多年历史的集安堂南乐社也在这里。原集安堂南乐社主任，纪经亩先生弟子沈笑山告诉我们，该南乐社创立于光绪八年（1883年）。据有关史料记载，因是安溪、同安两县南乐界人士发起，由南安、惠安、安海、晋江、永泰等地弦友组成，众安汇集，故名"集安"。在集安堂里，我们有幸欣赏到了原《厦门日报》副总编林严心所书、张簪塔先生撰的冠头联："集来流水高山调，安享吟风弄月情。"我们在集安堂内巧遇了来自新加坡的钟先生。新加坡的传统音乐社与厦门集安堂是兄弟社堂，钟先生是新加坡的弦友，他每次来厦必到集安堂与众弦友切磋技艺，共奏乡音。据说古时集安堂附近有家牙科诊所，是台湾人钟云祥医师开设的，

他的儿子、驰名新加坡的水彩画大师钟泗滨少年时生长于此。

九条巷 曲径幽幽

九条巷，迂回曲折的巷道可说是厦门岛内少有。细雨中我们几度迷失方向。这个时候，居民总会热情地回首引路，老太太还开窗探身为我们指路，使人深切感受到这里民风的淳朴。当地居民还向我们讲述了这里特有的风俗民情，如大年初一的一大早，当都市中人美梦正酣之时，这里的年长者，却按老厦门"初一早、初二早"的礼俗，早早真心来挨家挨户地拜年，其乐融融。尤其值得称道的是邻里之间的团结和睦，平日里大家相帮相助。据说曾有小偷夜里潜入，一人惊呼，八方响应，纷纷出来围捕，小偷唯有束手就擒。九条巷30号是南乐泰斗纪经亩先生的旧居，我们来到门前，想一探这位文化名人的宅第，邻居告诉我们，这所原本清幽雅致的古屋，里面还有花园，但在经济浪潮中它已换成了一幢新式的小洋楼，我们现在已很难联想，纪经亩先生当时如何在这里箫管抒情。和我们一起前往采访的厦门市地名志主编，80岁高龄的方文图先生，在九条巷里兴致勃勃地回忆起70多年前在这里当叔爷的往事。居委会的领导告诉我们，九条巷唯一不变的是这里幽幽曲径的小道，有些老旧建筑已被改建，但小巷恬静清幽的风貌仍存。沿着曲折交错的巷道往里走，一幅幅生动的民俗风情画在我们眼前展开：典型的闽南民居与20世纪初的小洋楼互相错落，翻建小楼点缀其间，小孩在土埕里玩耍，老人搬把椅子，泡壶香茶在聊天，卖风吹转的小贩从小巷穿过，老人们津津乐道着遗闻旧事……

古老的九条巷（李世平）

老屋上的安琪儿(李世平)　　　　　洋楼老巷的记忆(李世平)

八卦埕 古风犹存

　　走进八卦埕，1号那座小三合院立即吸引了我们，小庭院里芳草茵茵，厅堂上摆着几代相传的供桌，和善热情的女主人告诉我们，供桌、香案已有百多年的历史，婆婆生前非常珍爱，在她手里同样爱惜，一直不愿意换上新家俱，老房子、老家俱都有一段情。我们欣赏那套"中案桌"、"八仙桌"，黑亮的木头里镶嵌着花鸟博古图案，工艺令人叫绝，当代的普通家俱自然望尘莫及。12号是厦门近代名医王逊臣的旧居，三落两护厝古色古香，精工巧饰的门窗格扇仍展示着不朽的辉煌，院子里有一百多年历史、口径一米的大鱼缸，有如一幅生动的老照片。小巷幽深处，供着"石狮公"等神灵，当地居民认为是他们的保护神，常年香火不断。据说有位庄先生，其弟5岁时到台湾，兄弟分离后，庄先生便时常向石狮公祈祷，以求骨肉团圆。几年前，他的弟弟真的回到了家乡，老人们都说是石狮公的保佑，是庄先生的虔诚所致。每年农历的5月18日是石狮公的生日，这时八卦埕7号楼门前的空地便成了露天舞台，连演数天的社戏便是小巷居民的一大喜事。

五通古宅故事多

　　五通位于鹭岛东北角。其地临海，同安西滨、澳头等地举目可见。

　　史载："五通渡往泉州大路，过刘五店三十里。"又云："至于东，则五通寨高耸，隔一横流之海，足以抗淄江之兵。"历史上，五通还是厦门岛通往台湾的渡口。

　　当时从市中心乘车颠簸一个多小时，又雇用私家交通工具，我们终于来到五通村坂美社。坂美20号，好一座漂亮的红砖大厝，人称大夫第，始建于清道光丁未年（1847年）。石家子孙在此繁衍，已历数百年。石家累世为官，八世祖石开玉，号义斋，封道奉大夫，为二品官。九世祖石时英封四品官，他的儿子石耀宗亦为四品官员。故而石家大厝的屋脊上有"联登甲第"四个大字，殊为难得。大夫第整体建筑气度雍容，尤其是木雕雀脊，竟是一组栩栩如生的故事人物，不由让人惊叹昔日工匠的技艺之精湛。大门还分中门和边门，据说平时只从两边的边门出入，只有重要的日子和显贵的客人到来，方才开中门。石家后人说，先祖自清中期起就在此营造大厝，但人事沧桑，早期建筑多已坍塌，如今只有最后修建的大夫第保存最完整了。大夫第右侧的石家祠堂格局尚存，门上有联曰"宋室尚书府"，只是如今寂寥于野草蔓生之中。门前的两对旗杆石，诉说着昔时显赫。石氏后人有一支迁往台湾，居住在台南，如今也枝繁叶茂，曾返归故里，拜祭祖先。

　　与大夫第相距不远的举人府，堪称目前厦门岛内单体建筑规模最大的红砖民居，占地3000多平方米，称三落、八大户、九十九间。从高处俯视，举人府整体规划严整，气势恢宏，红砖朱瓦，立于碧海之滨，可谓美轮美奂。据石家后裔说，举人府为石晔、石月中所建，祖上虽曾中举人，但举人没有薪俸，石家的经济来之于经商，据说当年石家有99条船，往来航运，获利颇丰。在举人府，我们巧遇石月中的第四代的媳妇林氏，她已有80岁，但说起往事，清晰明了。她幼年曾读私塾，也算知书达理了。19岁嫁来石家，几十年来举人府的风风雨雨都看在眼里。厦门解放前夕，国民党军队驻扎五通，举人府中落的四扇大门不幸被国民党军队以加强防务为名，强行拆走，送到海边构筑工事。幸好一个月后，厦门解放了。

  与坂美相邻的仑后，村民多数姓王。他们引以为豪的是，王氏家族在清末出了一位状元，名叫王仁堪。王氏家族繁衍至省内外，据说王仁堪中状元时家居福州，因与五通王氏是同族血脉，因特地将"状元及第"的匾额挂在仑后王氏祠堂。可惜这块历尽岁月沧桑的匾额，近日被贼窃走，村中的王先生尚有这块匾额的照片，令人徒增叹息。仑后村中还有两座老房子，讲述着不同的故事：建筑颇为精美的红砖楼是旅居荷兰的华侨所建，至今已有近80年的历史，但朱红的雁字砖至今仍鲜亮如新。楼中高龄的老太太还记得孩提时她拿着火叉等民俗品进住新屋的高兴劲儿。这幢尽显欧式风采的工砖洋楼，在古老村庄的绿树掩映之下，显出别样风姿。与洋楼相距不远的王贡元宅第，则是古味十足的闽南大厝。据说王贡元生活于清代，足智多谋，当时五通一带常遭海盗骚扰，地方不宁，王贡元设计擒捉了海盗，使海盗不敢再入五通……这些古老故事至今尤为村民们乐道。

五通九十九间（郑宪）

沧江古厝与"鲈鳗东舍"

现存的同安前宅陈沧江故居可以用四个字概括起来：古、大、破、奇。

陈沧江祖居金门阳翟，明初迁居同安县城，嘉靖五年（1526年）登进士，曾任江西南安、广东廉州、广西南宁之郡的地方长官。陈沧江故居号称九十九间，是一座五进四护燕脊的红砖大厝，燕脊红砖大厝现存多为清代所建，而陈沧江大厝建于明代，且规模宏大，用料考究，古韵隽永，是难得的明代闽南红砖民居的标本。

陈沧江大厝占地近3000平方米，格局保存完好，号称九十九间。房间、厅堂的实际间数有七十多间，据说将所有房间门，厅堂门及通道门总计起来则有九十九之数，整座大厝分别具备了礼仪祭祀、读书学习、会客休闲、生活起居等各种功能，从中可以窥视到

住在沧江古厝的老人讲述古厝历史（林剑影）

古人生活的轨迹。

　　尽管陈沧江故居的中堂曾遭火灾，又因建造年代较早，且缺乏维护修缮，显得有点"破"，但"破"中却有一种特殊的美。遭火焚后的中堂墙壁，虽说已裸露了近百年，但却今巍然屹立。由于墙体裸露，明代砖头仍块块坚实，每块大砖约厚8厘米，长30厘米，宽20厘米，难怪遭火焚后的墙体还如此坚实。陈沧江故居的建筑用料成了一道特殊的景观，雕花地砖他处难见，红砖花窗，惟妙惟肖，大堂前墙壁内镶有两块汉白玉无字匾，当时不知作何用途，有何寓意？最具故事性的是这座古厝还有一段传奇。据说陈沧江古厝不远处有一个深潭，叫做东庄潭，潭水深不可测，潭里有条千年鲈鳗，这鲈鳗在潭中修炼多年，深居简出，只是即将得道，夜间须出潭来，吸纳月之精萃，行经陈沧江家的田园花圃，栽培的花木庄稼难免损坏，鲈鳗习性进出同一条道，行踪已经暴露。有一天，陈家商议，并制定方案，决议三天内捕捉鲈鳗。第二天，有一位僧人前来化缘，陈家好礼迎进，并炒米粉款待（在同安炒米粉款待客人是上礼）。僧人求见沧江一面，见礼之后，沧江见僧人颇有道行，谈吐不凡，益发敬重，以金帛

沧江古厝的现状（林剑影）

相赠。但僧人不要金帛，只要求陈家如要抓捕鲈鳗，推迟三天之后，陈沧江满口答应，僧人起身告辞。谁知僧人才走，忽有加急公文传来，沧江赶赴公事，竟忘将推迟捕鲈鳗之事告知下人，匆忙忙而去。第二天夜晚，家人按计划，找到东庄潭边鲈鳗出没的轨迹，在轨迹上撒上厚厚的粗糠，可怜那即将得道的鲈鳗，吸完夜色精华，鸡啼前按老路要回潭内，身子被粗糠涩住了，这条只差一天就要得道升天的鲈鳗就这样被抓捕了。家人们自然高兴万分，拉回这条巨大的鲈鳗，在大院的水井边开膛破肚。这时办完公务的陈沧江回来，见到鲈鳗肚子里面有未消化的米粉，猛然想起化缘僧人，自知已经食言，但悔之晚矣！就在这时，陈夫人分娩，喜得麟儿，此事也就慢慢淡忘。

话说陈沧江的这个儿子，生性放荡不羁，不读诗书，陈沧江过世之后，他更肆无忌惮，挥金如土。没几年的时光，"鲈鳗东舍"便把家产挥霍一空，连九十九间大厝也易手他人。如今这座明代古厝门额上仍有原始镌刻"陈氏小宗"，但居住者却是卢姓族人，已在此居住好几代人。同安人把浪子称为"鲈鳗"，陈沧江的这个儿子称为"鲈鳗东舍"，认为其子是屈死的鲈鳗转生，来败他的家业。"舍"在古闽南话里是少爷的意思。

陈沧江墓道坊（白桦）

走进"浯水流芳"的村庄

同安内厝镇的曾厝村，民风淳朴，田园秀丽。与众不同的是，几乎家家户户庭院上都有一块匾额——"浯水流芳"或"浯江衍派"。原来这个现有2000多人口的陈姓村庄，祖上来自金门的下坑，在同安已繁衍了十几代。由于历史原因，了解不多，但他们都铭记着：祖籍金门。进入村庄，我们感受到了特有的"金门味"。

浯江内渡择福地

曾厝村在同安内厝镇境内，依山而建，村前有三条小溪蜿蜒而来，名曰"门口溪"、"小溪"和"帮溪"，水路可通达马巷等地。三条溪流至曾厝合而为一，滋养一方乡土，数百人家。村中的老人说，此乃聚财之势。曾厝对面之山名曰"出米岩"，有瑰奇传说流传至今。

传说当年宋幼帝为追兵所迫，仓惶逃至此山，人饥马乏，一群人等早断军粮，无不暗暗叫苦，以为绝境。突然从山上一个小洞里流出了白花花的大米，顿解燃眉之急。出米岩的名字由此而来。后来一个士兵嫌洞口太小，出米太慢，拿竹竿想捅大一点，结果破

闾巷展痕

了神运，再也没有米流出来。至今时而偶见到白烛的流水，谓之"米泔"。

200多年前，金门下坑的陈氏族人为求发展，渡海来到了同安，最终选中了这块宝地定居下来。当我们走进村庄，在感受田园秀色时发现，更具特色的是这儿的红砖古厝，庭院牌匾，纯朴民风似乎都带有浓浓的"金门味"。

浯水流芳纪本源

村中现有红砖古厝100多栋，排列整齐有序，均有百年以上历史。与别处不同的是，它们是维系海内外血缘关系的古老建筑。当年金门先辈到此定居之后，子孙又纷纷从此踏上出洋创业之路，这成为该村传统。这里流传一句俗语"南洋钱，唐山福"，海外创业的亲人把辛苦挣来的钱寄回来"起大厝"，营建过程中后建与与先建者对齐，取法金门的"梳式"规划（即像梳子一样排列有序）。

民国初年，村中有一位名叫陈可补的青年，未满20岁，就随同村中青壮，带着两件换洗衣裳，远赴马来亚谋生，从摆摊小贩，到种橡胶林、开工厂，克俭勤勉，白手起家，终成大业。发家后，他不忘桑梓，曾捐资参与修建曾厝小学，使本村幼年子弟不出村即可就学。抗战期间，日军侵占厦门岛，同安危在旦夕。守土军民同仇敌忾，曾厝华侨捐出巨资，购买军械。军民浴血奋战，终御日寇于银城之外。今曾厝陈氏家庙中仍高悬有当时当局赠的匾额一幅，上书四字："爱国贤裔。"村中

曾厝村的景观（林剑影）

老人陈书潭年青时赴马来亚创业，在那边呆了20年，他说当时马来西亚的曾厝陈氏族亲有300多人，现在更多了。他们把同安、金门都视为自己的祖籍地，在马六甲有一条甘光于汝街，这条街是曾厝族人的聚居地。马六甲还有一个华人的社团组织，叫做金同厦会馆，当地有一条街，俗唤"曾厝街"。

纯朴村民真挚情

在曾厝村里，我们和村民陈添火先生又聊了起来。陈先生50来岁，以制作民俗艺术品为生，父亲当年是本地小有名气的民间艺术家，作品曾在北京展览过。村里人大多熟悉自己的谱系（族谱源流），他说祖上从金门定居曾厝，传到他已是13代了，尽管他是在同安土生土长，但对祖籍地金门，仍有一种特殊的情感，因为12代的父亲在12岁时曾回祖籍地金门献过纸（祭祖烧纸钱）。由于历史原因，他至今未回过金门，不过前不久，金门的亲族兄弟过来探望乡亲，虽然此前从未谋面，但聚会在一起却感到十分亲切，他们在一起留下许多珍贵的合影，希望两门亲人多来往。现在他生活无忧，只有一个和许多村中乡亲一样的心愿：找个时间，回到祖籍地会会亲友。走出陈添火先生的庭院，猛一抬头，这个翻建不久的小庭院，有一块醒目的匾"浯江衍派"。

人丁兴旺好经商

在曾厝一个有趣的现象是，数百年来，人丁兴旺，竟无一人入仕为官。据说这是恪守祖训的缘故。传说陈氏先祖原是朝廷重臣，因直言而遭排挤，恐为宵小所祸，于是借故归回。不久奸臣败露，自取灭亡，皇帝方才醒悟，急诏忠臣回京。可是诏书未至，人已过逝，皇帝惋叹之余，钦赐御葬。陈氏家中遂请来一位风水先生，寻得一落葬宝地。风水先生踌躇再三，问陈家夫人明言："此处若进可护佑后代至少出三代宰相，若退则可荫佑万人丁。"夫人思及政途险恶，虽表面风光，实则人心叵测，朝不保夕，于是宁取万人丁，子孙兴盛，自食其力，不失为福之道。千百年来，后代子孙恪守祖训，或勉力耕种，或致力商贾，乃至飘洋过海，他乡谋生，均无意出仕。

小嶝：掀起盖头见大观

　　宛如美人的小岛，神秘的坑道，海岛的风情，厚重的人文，这一切无疑是极其优越的旅游资源，小嶝岛正在从神秘中走出。小嶝岛位于厦门东海域、翔安区东南部，状如睡美人，横卧碧波之中，地理位置处于翔安、南安、晋江、金门的交汇处，面积0.88平方公里。小嶝是厦门距金门最近的有居民海岛，两岸相距仅约3000米。

　　因为历史的原因，有时为了军事上的需要，会把美丽的风情"禁闭"起来，但一旦它再以清纯面目会见世人，人们的企盼和求知将会促进它的新生与成长，也许小嶝岛已得其时矣。

　　小嶝岛，历史上曾因"处江湖之远"而成了宋代高儒邱葵的隐居处。建国初期，由于它靠近金门而成了对敌前哨……人文与硝烟，交织成覆盖小嶝岛的神秘面纱。如今区划调整后的翔安区大嶝镇的小嶝岛，把神秘的面纱向人们敞开……

传说中的钓鱼台（郑宪）

小嶝岛岸边（郑宪）

一湾海天散珠玑

从大嶝岛乘船登上小嶝岛，时值落潮，海滩上布满了大大小小的礁石。沿着海滩小走一段，脚下的礁石少说也有百十个，就像散落在小嶝岛周边的珠玑。全岛周围有多少礁石，谁也没有去数过。在厦门海域里，一个小岛周边密布这么多的礁石是少见的。礁石多，聚鱼虾，难免联想到，宋代隐居这儿的高儒邱葵为何选此岛隐居，而又因何号为邱钓矶了。今天仍堪称垂钓乐园的小嶝岛，早就吸引了喜欢垂钓的邱葵，尽管后人认为某个岩礁是邱葵的钓矶石，但我们却只相信，邱葵肯定不会只在一块礁石上垂钓，否则辜负了这处大钓场。

行走间，当地的邱奕清老师告诉我们，海滩还有一处奇泉——品泉。说着拿来铁铲，选准方位铲下去，约半米深时，但见一股清泉汩汩涌出，亲尝一口，果然清冽甘甜，大家无不称奇。

半壁坑洞藏往事

历史有时偏爱开玩笑，宋代高儒隐居的小岛，数十年前却布满了硝烟。在特定的历史年代，小嶝岛连同大嶝、角屿成了对敌斗争的最前沿，在小嶝岛上的山岗下曾修筑了数千米的秘密坑道，据说修筑这条坑道历时4年，工程代号"303"，施工期间，民兵日夜站岗放哨，闲人不得靠近，机密度很高。工程浩大，用坑道挖出来的土方筑成一米见方的堤岸，可绕小嶝岛一周。20世纪70年代，一般民众是不能进入小嶝的，即使大嶝来的亲戚上岛，也须持有特许的路条。尽管今天这些坑道已非军事秘密，但进入其间，仍充满了神秘与惊奇，迂回的坑道宽约一米，高不足两米，四通八达，有些地方山石为顶，有些地方条石筑拱，其间还有螃蟹洞、机密室……体验一下当年我军官兵的坑道内生活，别有一番感慨。当地领导邱建东、邱碧月告诉我们，这些坑道保留至今，仍具

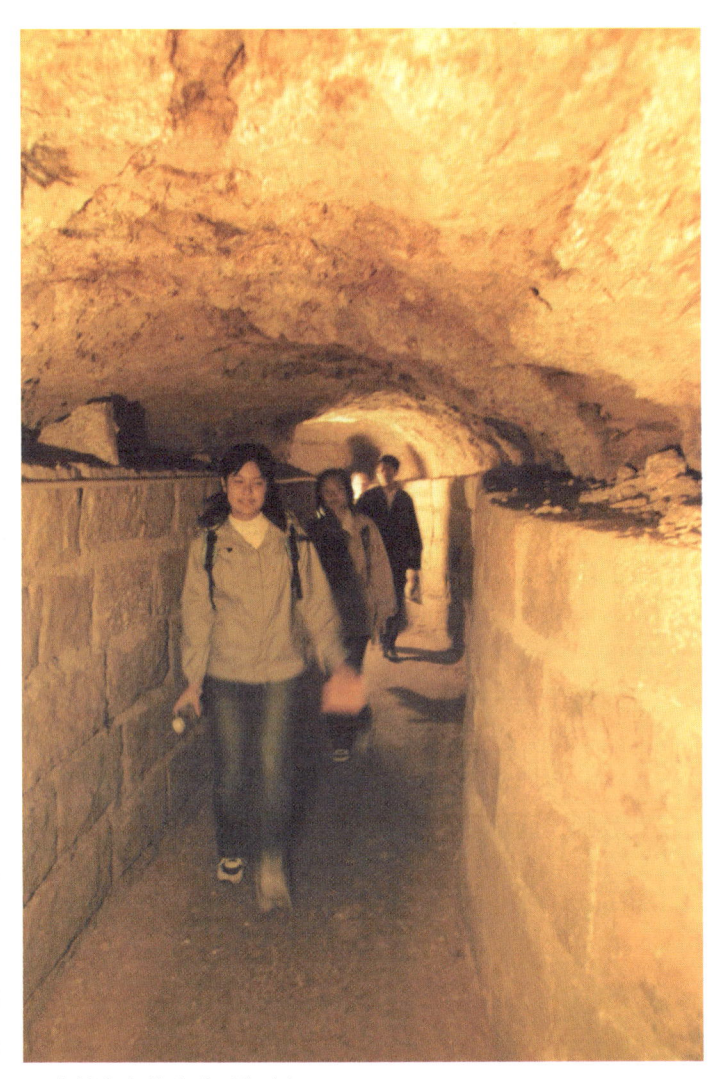

小嶝岛上的地道（郑宪）

有现实的意义，可以回味历史，可以进行国防教育和爱国主义教育，有关部门已决定将地道向观光者开放。

走出坑道，进入小嶝岛上的古村，到处晾晒着的海产构成一道特殊的风景线，邱葵故居、妈祖庙、英灵殿、仙人迹、珍珠滩、棋盘石、美人井，还有那已有五百年树龄的"八闽铁树王"……的确感受到小岛有大观。

小嶝亲友遍金门

自古小嶝、金门是一家，当地的门匾对联常见"金嶝献瑞"、"金嶝玉屿"字样，说明金门、小嶝关系密切。

小嶝与金门可以说是山亲水亲人亲。历史上两地人民关系非常密切，移民互迁，相互通婚，据《金门县志·人物志》记载："邱葵，字吉甫，号钓矶，小嶝屿人。大金门邱氏，系其次子邱俗之后，散居金门旧金城、后浦、湖南等地。清提督邱良功，即其后裔。"县志还记载，丘葵的夫人许氏是金门后崎人。小嶝许姓始祖许八则来自金门后浦。据不完全统计，小嶝现有金胞二百多人，小嶝各姓移居金门的后裔多达数千。

听老一辈说，金门136个村，村村有小嶝人的亲戚朋友，喜庆或传统节日，亲朋间常有走动。洪招治回忆说，她爷爷和金门西园的张水清义结金兰，夏收时节，爷爷就带子女们前去帮助拔花生，割高粱。当时她十多岁，但见金门一带的妇女和我们一样都披朱文公巾，说话也和我们一样的腔调。

金门是朱熹过化之地，民风淳朴，金嶝两地渔民自古以来同在浯海作业，讨海时相互谦让，偶遇风浪，则互相救助。时至今日，这种古风尚存。前些时候，小嶝渔民邱延平夫妇在海上捕鱼时救了一位捡海螺的金门女教师。而小嶝一渔船遇大风浪触礁，三名遇险渔民得金门同胞施援获救，善良的金门人还把他们接到家里热情招待，使他们感到像在家里一样温暖亲切。

五娘的故里在海沧

2007年6月5日《厦门日报》的《地理》版，披露了泉州有关方面要将《陈三五娘》申报非物质文化遗产，引起了读者的广泛兴趣。海沧区的颜有能先生报料说：《陈三五娘》的传说中，男主角陈三是泉州人，大家都知道，而女主角五娘一般都认为是潮州人，其实五娘故里是在厦门海沧，而且在海沧的老街上以及毛穴广村里，还有五娘家的遗迹。

五娘父亲黄公的传说

根据线索，我们寻访到了海沧的老街。这条似乎已经被人们淡忘的老街，仍然有其特殊的风韵，老街上店铺林立，许多古老的建筑雕琢精美，沧江就从这条旧街穿过，江上横跨着一座古桥。在这里，我们幸运地遇到了当地的一位陈姓老人。陈老告诉我们，他已年逾古稀，生活在这条老街已经

毛穴广村的五娘楼（志明）

70多年了，自小对陈三五娘的传说就耳熟能详，其女主角五娘是海沧人的传说在当地更是流传了千百年。"住在我们这条旧街上的人都知道五娘姓黄，老家就住在这条街上，是后来才迁往潮州的，而我们脚下的这座桥就叫做黄公桥"，陈老骄傲地说。

原来，这里世代传说黄五娘的父亲人称黄公，是南宋时期的人，经商为生，在海沧也算是一位富商。据说当时海沧一位渔民连续多日出海打鱼，都未有所获。有一日，这渔民意外地打捞到一只巨蚌，里面居然有一颗很大的夜明珠，许多人都想巧取豪夺这颗夜明珠，他看到黄公平日里一向都乐善好施，就把这颗夜明珠卖给了黄公。

当年沧江边上有渡口可通大海，得到夜明珠后的黄公生意日益兴隆，因此他就携带夜明珠前往潮州发展，后来定居潮州，并成为当地的巨富。陈老说："五娘从小就随父亲经商，广博的见识也造就了她率真、大方的性格，因此在故事传说中，她显得很

海沧的黄公桥（志明）　　　　　　　　　　　黄公桥断碑（志明）

主动。当陈三骑马过西楼时，是五娘在楼上将荔枝掷向他的。"

据说移居潮州成为富户的黄公还时常往来于潮州与海沧，每次回到沧江，看到人们往来极为不便，于是就出资建造了这座桥，名为黄公桥。

石桥断碑仍在，见闻耐人寻味

我们从桥上走过，发现桥面是由水泥铺成的，无法看出当年的古迹。陈老先生拉着我们来到桥下，往桥的侧面一望，才发现原来眼前这座桥的桥体并非钢筋水泥所建，而是由40~50厘米厚的石板铺成的。"这桥已经有了上千年的历史了，桥面是新铺的水泥，不过桥体一直没换呢"。陈老说，"一般人会认为传闻为虚，实物为证，黄公桥就是一处实物，况且桥头还曾经立着一块石碑，上面就写着'黄公桥'三个字"。

我们在桥边四处寻找这块石碑，当地群众告诉我们石碑已经被移走了。几经波折，终于寻找到这块历经沧桑的石碑，可惜的是，石碑如今只是一块断碑，但依然清晰可见上面的"黄公"二字。

一路寻访着石桥、石碑，当一些群众知道我们此行的目的，不断向我们讲述他们所知道的传说。特别是那位陈先生带我们到老街上一座建筑精致的古代楼房前，他风趣地说："你看看这窗户，建造的多别致，有人称为绣楼窗，和报纸上登的乾隆年间的古画五娘所站的那个窗户是不是很像？说不定，当年黄公建造潮州的五娘绣楼时，就是把海沧的这种样式带过去的。"老人这么一说，逗得大家哈哈大笑起来。

如今的海沧老街已经没有了往日的恢宏气势，只有居民口耳相传的故事和石桥、石碑在这里默默地诉说着历史传说。随后我们又到了毛穴广村，真的见到了一幢年代久远的闽南式古楼，村民们几乎众口一词地说，这楼原来就是五娘家住的。楼已经非常残破，并无可靠的文字来印证，我们知道这一切仅仅是传说，是非曲直，还有待专家考证，不过的确为《陈三五娘》的传说又增添了一丝亮彩。

春风徜徉古驿道

灌口深青古驿站曾有昨日的辉煌，现在则成了一处具有厚重人文的景观。我们走进其中，追寻昔日古驿的风采。

古驿道上读沧桑

从古驿道向古驿站一路走来，我们看着历史，历史看着我们，古驿桥下的河水还在静静地流淌，驿桥原本只是一座木桥，明正德十一年（1515年）改建为石桥。因深青河水既清又急，清嘉庆年间，人们又在原三孔桥的基础上，建成了现在的五孔桥。

过了古驿桥，再往前走，就是古代深青的门户——驿楼。驿楼基本上保持了古代的建筑原貌，石匾上刻有"驿楼古地"四个大字，驿楼石柱刻有一副对联："讵止乡闾资屏翰，却缘南北少康庄。"

根据碑文记载，驿楼建于明洪武十五年（1382年）。驿楼右边是茂林庵，左边是水月潭和七柱学堂，前面不远就是驿馆、洗马池、土地公庙和繁华的驿口街。

据深青老人叙述：古驿站由驿馆、驿埕、洗马池等组成，占地面积约1500平方米，建筑面积约有600平方米。前院为迎宾院和门卫居住地，后院为办公和驿丞居住地，其它为驿信兵宿舍和马厩，驿埕中还挖了一口水井，供给驿馆使用。规模相当宏大。只可惜该处驿馆于20世纪初被北洋军阀烧毁，现只有民居散落其间。这段路称作下街仔，古时属于"军事禁

区"，每当有朝廷官员、信使等过往时，皆由驿卒把守，外人一律不得入内，须绕道行走。

试描当年旧时光

古驿道上有一条长约500米的驿口街，现在灌口镇深青村的辖内。驿口街宽约2.7米，路面均由条石板铺成，留有排水沟。街的两旁店铺林立，苏氏布堂祖祠、驿馆、杀猪场、当铺、饭馆等沿街而建。

在驿口街上行走，我们仿佛穿行于远古的时光隧道，驿口街昔日的繁华历历在目：往来于泉州、潮州、漳州的人们，在此歇脚、吃饭，如果碰上了朋友、熟人，在互相询问对方妻小的同时，少不了是要吃喝一顿的。偶有家道败落的富家子弟，身着已失去鲜艳光彩的衣物，手里握紧了祖上传下来的宝贝，恳求当铺老板多给一点，显得十分落魄。做小买卖的挑着担子，手里拿着一个拨浪小鼓，过一会儿"咚咚咚"地摇几下，由远而近地来了……

突然传来一阵急促的马蹄声和铃铛的响声，街上行人纷纷避让，街道刹时宽敞了许多，两匹骏马"嗖"地疾驰而过，前面一人策马扬

深青古驿道（林剑影）

鞭，后面一人身上背一竹筒，衣着鲜艳，满脸是汗，这是朝廷送信的信使。两匹骏马一前一后，飞快地穿过繁华的驿口街，向下一个驿站飞驰而去……

旧景融进新画面

深青驿是闽南地区保存最完整的古驿站，历史上它西与角美江东桥北柳江营驿站衔接，距离约30公里（旧制60华里）；东与同安五显大仑山驿站（大同驿）相通，距离也是30公里。因此它是南北交通的咽喉要地，今天深青交通的优越特征并没有改变，仔细观察就会发现，新开辟的324国道与古道擦肩而过。一老一少两条路演绎着历史，新路上那川流不息的车辆和沿路的繁华盛景，与寂寞的古驿道形成了鲜明的对比。

历史上驿使从深青往与之对接的驿站传递邮件，即便是用加急快马，跑完了30公里也要2～2.5小时。我们在采访中了解到，如今灌口邮电局，用现代化的交通工具，把邮件送往30公里外的另一个邮局，在324国道上行驶，只需20～25分钟。

古驿道成了历史，成了景观，繁华一时的驿口街式微了，但在古驿道边上代之而起的宽敞国道和沿途繁荣兴旺起来的城乡，那正是还在书写着的一页新地理。

深青古道边上的石雕（志明）

都市边缘的嘉福古寨

山高林郁 别有洞天

驱车来到319国道和324国道交会处，转入乡道，到了灌口越尾山麓下一个叫"寨内"的小村社的双岭村，一眼看去，葱茏的树木掩映着的古村——寨内村，隐藏在翠色葱茏之中，确带有几分神秘之感。

寨内村背依越尾山，半山腰就是龙公、龙母岭，一俊一俏，地势险要，真有险关当道之势。山谷里有大树、老藤相互缠绕，奇峰、巨岩各自峥嵘。当地老人说，这个地方自古就是一块宝地：空谷蕴灵气，险峰缠盘龙，描绘得有声有色。这里五谷丰登，花卉常开，古代还是一处兵家据守之地。说话间，我们已来到古寨前，这里俨然是另一个世界，历尽沧桑的寨门，仍夹峙在大路口。远处望去，城隍庙就在古寨的最深处，向导白先生对文史颇有研究，他对我们说，这古老的城隍庙和古寨人可以说是一个历史的例证。有人曾说，这儿会不会是土匪的山寨，但土匪的山寨不会建城隍庙，也不可能有这么齐整的规划。沿城隍庙两侧建有两列整齐的兵房，可见这是一个正规部队驻扎过的地方，而且周边建有寨墙，范围方圆数里，只是不知何因，相关历史资料均无记载。但古寨内的谜团远不止此，我们深入其间，真有"入之愈深，其见愈奇"的感觉。

残垣断壁 谜团重重

这个古寨现已形成一个自然村,仅有90多户人家。村内有两条主要"道路",小而笔直,用碎石和着夯土筑成,一纵一横交错,虽经岁月沧桑,这些道路至今仍很结实,可见这是当年的"军用道"。两侧兵营夹道,使得道路有深邃之感。据村民们说,纵干道称为中门街,横干道称为消防路,路名世代相传,不知始自何时。特别是消防路,两旁各筑有对称的防火池,这一现象闽南古迹中少见。古寨建筑多为砖石结构,那么多的防火池,有何作

嘉福古寨的城隍庙(郑宪)

石匾成了历史铁证(郑宪)

用,不得而知。在古道边,有几个直径约一米的巨型柱础,可见当时有极其壮观的古建筑。或许是指挥部,或许是中军衙,已难寻觅。迄今寨内村还珍藏着一块清雍正五年(1727年)重修时立的石寨匾,长150厘米,宽50厘米,从右至左镌刻着"嘉福寨"三个大字,落款为"周宗乾敬立"。据说是倒塌的寨门上的遗物,村民们视为"村宝",重点保护,以期将来有助于解开嘉福寨之谜。村中的老人们回忆说,一直到解放初期,全村四周还有东西南北四个寨门,寨墙足有5米多高。岁月飞逝,风吹雨打,

闾巷屐痕

墙体松动，局部地方坍塌，在1958年兴修水利时，人们便拆寨墙的砖石铺设水渠。后来村民们盖新居时，也有的用了墙体的石头。所以现在残遗的小段，都是名符其实的"残垣断壁"。

中门街尽头，还有一座城隍庙。我们进去一看，里面供奉着神像，香火旺盛，常有人来朝拜。据说在中国古代，城隍庙是建城时的配套设施，有城才有城隍庙，村中老人说，城隍庙始建于明朝，也就是说，在明朝，这里已有了人气。我们在古寨墙的外围溜了一圈，意外地发现了一处"榕抱石"的奇观。一株红榕高大挺拔，郁郁葱葱，树干和树叶呈现红色，树干根须交织缠绕，从上到下夹有18块古城墙之石。这株红榕需数人才能合抱，它抱着古城墙已有数百年，可见古城历史悠久，但谁也说不出它始建于何年。白先生说，这株红榕也堪称一宝，在闽南古榕处处皆有，但红榕却很稀罕，在灌口地界似乎至今未发现第二棵。

嘉福古寨的寨墙(志明)

古村之中　流传奇俗

在寻访中，我们巧遇了张老师，张老师任教几十年，堪称村中"秀才"。张老师说，其实这个村之所以命名"寨内"，就是因为村庄就在嘉福寨内的缘故。他还特地分解了嘉福寨地形，古寨整体呈长方形，长250米，宽150米，寨角则为弧形，有着东西南北四个门，中门街和东、西两边的寨门则与横向的消防路相通，呈"十"字形。

"你们再仔细看看，嘉福寨像什么？"张老师指着画着的寨形问我们，"像不像个'周'字？"经指点，我们细瞧，恍然大悟，果真很像。

至于建寨时间，从"嘉福寨"名字推断，"嘉"字是指明朝嘉靖，那时倭寇乘机窜犯山东、江苏、浙江、福建、广东沿海，占据岛屿，攻城掠地，给民众带来深重灾难。期间建寨，其军事作用是毫无疑问的。而"福"字，取福建之首字，又有幸福、福气之意，可结合寨庆之日，研究当时取名用意，进一步弄清历史。

村里还真有周姓人家，相传这里是为防御倭寇侵略而兴建，将领姓周，驻扎的是周家的子弟兵。后来士兵撤退时，古寨"军转民用"，有些士兵弃甲归田，成了这里部分村民的祖先。

村里现在还流传着一个古老的民俗，每年正月十二日，以周姓为主的村民都要举办隆重的寨庆典礼，其热闹程度有胜春节。村民承袭古俗，十分重视绿化和对古树的保护，对榕树尤其崇敬。一旁的张师母还为我们讲述了一件事：那年她初嫁到张家时，村里有棵上百年的巨大榕树，人们耕作劳累之时，在树底下纳凉休息，其乐融融。可是一天，有户人家为了建房子起了歹心，三更半夜锯掉榕树枝干作为木料运走，事后村里人强烈谴责这户人家，他们后悔不已，便穿上草鞋，披麻戴孝跪拜在这棵榕树前，表示悔过之意。这种村民习俗也是一种爱护古树的教育，至今，村中大树无人敢砍伐。现在有90多户村民的寨内村呈现的是一种闲逸的氛围，这里生态良好，古迹犹存，人们过着安然的田园生活，依靠传统耕作，种植水稻、蔬菜等，自给自足，许多人家还用水井养鱼，不投饲料，堪称"绿色家养鱼"。寨内村的村民生活仍然在描述着一部别具情调的人文画卷。

嘉福寨的古街（郑宪）

豪山的祠堂与古塔

同安新民镇的豪山蕴藏着深厚的人文。豪山又称豪岭,由于闽南话"豪"与"禾"谐音,因此又有人称之为"禾山"。据明代何侨远的《闽书》记载,豪山有漳泉古道,为漳泉士子科考必经之路。山下有龙潭,天将雨,水激如钟声。据说这一方钟灵毓秀之地早在元代就是康氏族人的聚居地,因此《闽书》中还记载了豪山的另外几处人文胜迹,那就是豪山的康厝庙、会堂宫和慈云寺的石佛塔。这几处胜迹最近有的已焕发了新容。

康氏祠堂有名声

同安有一句民谚:"东是金柄黄,西是豪岭康。"这句民谚倒不是说其族群的庞大,而是说这两族的祠堂建得最为气派。据豪山村的康振华先生介绍,由于漳泉古道从豪山中穿过,豪山一带在科举时代科甲鼎盛,人才辈出,方圆五里之内,在一场科考中三人中了进士,因此有"五里三进士"的说法。其中较为著名的就是明万历年间与晋江状元庄际昌为同榜进士的康尔韫。康尔韫后来官至户部主事，为官一任，造福一方百姓，其传说与政绩至今仍在民间流传。

在古代，家族中有人中进士就要在祠堂前竖旗杆，以示光宗耀祖，因此豪山的康氏祠堂别具一格，占地近3000平方米，旗杆林立，并建有一座古色古香的戏台，与祠堂的布局浑然一体，堪称一大特色。由于历史上豪山康氏先后分衍到厦门林边、台湾彰化，近来两岸民间来往日益密切，因此康氏宗亲将"豪岭康"的祠堂修葺一新，为台湾宗亲寻根提供方便。

豪山的康氏祖祠（林剑影）

闾巷屐痕

豪岭山麓古石塔

豪山石佛塔（白桦）

在豪山上，现在仍有一段古道，可惜早已掩藏在荒草荆棘之中。我们沿着古道继续往山上寻觅，倒是发现了一处胜迹：慈云岩的石佛塔。寺里的释志仪法师说，石佛塔有其不寻常之处，此塔全部用条石垒成基座，塔身雕有佛像，至今已经历600年的沧桑风雨，遇过多次地震，仍安然无恙。特别是石佛塔内镌刻了这样一段文字："匠人王仕拱、住山比丘性庵立。时永乐癸巳岁仲夏吉日鼎建。"在石塔建筑中直接刻上匠人名字，实在少见。石塔下的巨岩上还有几幅摩崖石刻。嘉靖年间，湖广提学刘汝楠、潮州李春芳同游慈云岩，在石塔西侧石壁留下四首唱和诗刻，描写了石佛山"洞开峭壁堪云卧，塔倚层霄落昼阴"的自然风光和人文景观。石塔之西500米处的山峦，还有明代里人康尔韫、柯凤翔、林一材读书中进士的石书房。

豪山自古还是海峡对岸文人学子常游的一处胜迹。清代台湾建省之前隶属福建省，台湾学子们科考通常要渡海到厦门，然后经漳泉古道赶赴省考。明代万历年间，金门琼林人蔡献臣来到豪山，当时豪山又称端平山，蔡献臣游历豪山之后，撰写了《游端平山记》，描绘了豪山的山光水色和人文胜景。今天豪山仍常有台湾、金门的游客慕名前来访胜。而豪山村也日益重视生态和人文景观的保护，会堂宫等相关古迹，亦将进行修葺，把"旅游兴村"作为一项重要的工作。

金柄的古樟与古碑

古村绿荫人

　　新圩镇的金柄村坐落在翔安东北部的大帽山下。周边有大仑山、丁山、云岭山脉，群山环抱。登彼高山，但见群山滴翠，近处恬然农家屋舍，鸡犬之声相闻，几处古老的庙宇，飞檐翘脊，隐约苍翠之间。一块"自然生态林区"的大牌，赫然在目，乡亲们告诉我们，这块牌是市有关部门前不久才树立的，而村民们自觉植树造林，爱护林木的风气，则是亘古相沿，是祖训，也是自觉行为。乡亲们说，这里的自然环境虽然不错，但亦曾遭遇山洪，受过台风侵扰，千百年来，这里能一直保持林木茂盛，人的因素不可忽视。人们对林木有一种深情，春季修枝，夏护水土，秋冬防火。至今村中还保留的数块护林碑刻，可以说是这个充满绿意古村的奠基石。

金柄村的"石帮记"（白

代有护林人

　　金柄黄氏的开基祖黄纶（669—755），字彬夫，是当年把自家桑园献为泉州开元用地的黄守恭第四儿子。现村中尚存唐代古樟，相传是其手植。这株古樟高18.3米，

树冠直径21.8米,至今已有1200多年的历史,是同安最早最大的古树之一。明代乡贤黄文曾为之手书《祖林垂示碑》一方,现藏于始建于唐的村中黄氏宗祠之内。宗祠内还藏有明万历丙戌年《大仑丁山护林石刻》一方,其内容说:"林木有阻风、储湿、固壤之奇功,宝也。大仑尽木皆护,毁者非吾族人矣。"万历丙戌(1586年)的《大仑山护林石刻》肯定"林木有阻风、储湿、固壤之奇功,宝也"!呼吁族人加以爱护。数百年前即有如此护林环保之眼光,足令后人称叹。

20世纪八九十年代,金柄村人看到,一些地区出于急功近利的目的,不惜滥砍滥伐,或将林区夷为平地,作为工矿之用,全不管对生态环境的恶劣影响。金柄村中的有识之士有鉴于此,忧心不已,遂于1998年在大帽山下再立《护林碑》一方,禁绝砍伐,倡议村民延续爱林护林传统,共同珍护漫山苍翠。

如今村中群山之上林木葱茏,宅前屋后绿树成荫,这自然离不开一代代金柄人的精心护持,而护林绿化也给金柄村带来了良好的生态环境,空气清新,鸟语花香,田畴丰美。

金柄村的千年古樟(林剑影)

树林又树人

黄氏定居金柄后,不仅勤于植树,同时重视耕读。据该村族谱载:同安建城设县后的第一位进士黄济即是金柄黄氏。黄济中进士时,宋太宗龙心大悦,传旨曰"开科第一"(建城设县后第一位进士),赐黄金10斤,白马一匹,游城三日。又如宋朝修建历时十四载"天下无桥长此桥"的安平桥(五里桥)的黄护、黄逸,亦衍自金柄。至于明朝理学名人黄文昭,那更是金柄村耳熟能详的先贤俊彦了。他还在家乡写下了《石帮记》,石帮是闽南话石板的意思。这位饱读诗书的文人却用方言来做石刻,可见他富有乡土意识。现在《石帮记》、护林碑、古樟堪称金柄村的三宝。

寻觅厦门土楼

"店仔土楼"——在田野上讲述沧桑

我们踏上了寻觅厦门土楼之路，第一站是同安店仔，有关专家告诉我们这里有厦门最古老的土楼。来到同安店仔村田坂下自然村，村民们得知我们是专门从岛内赶来看土楼的，都热心地为我们指点迷津。就在村边田野里我们看到了这座方形土楼，当地人称为"店仔土楼"。远远望去，楼呈正方形，大概23米长，高约10米，好似一个碉堡，孤独而倔强地矗立在广阔的田野中。这就是传说中的土楼吗？我们有点不忍看到这片苍凉，默默地走近，想要更深刻地了解它。土楼的正门外有一株龙眼树，树下一口古井，沧桑可鉴。走到门口，抬头便是门匾上"庶安楼"三个字，据说是李光地题写的，寓意老百姓安居乐业，故名"庶安楼"。并有纪年"丁巳年"。而李光地当年官至文

庶安楼门匾（郑宪）

渊阁大学士兼吏部尚书，相当于宰相。他为官期间，康熙皇帝曾三次授予御匾，表彰其功，可谓显赫一时。据有关专家推测，这座土楼建于清康熙十六年（1677年），由村民李寿官始建。之所以能够得到李光地题写的门匾，据说是李寿官与李光地有亲戚关系。

推门而进，豁然开阔，整座土楼外观保存还算完好。细细看去，这座土楼属土木混合结构，非常坚固。据说当时这一带倭寇猖獗，土匪横行，人们为保护自身生命财产的安全，只好构筑像庶安楼这样的微型城池，抵御外部的侵袭。土楼为三层式建筑，偌大的院子里面，四周放置着年代久远的农用水车，我们数了数，共有十来架，每架水车的长度都有十来米。

在正门的左侧，我们找到了楼梯口，阶梯已经岌岌可危了，踩在吱呀作响的楼板上，让人有种如履薄冰之感。上了二楼，楼板及一些门窗、围栏等明显记录着岁月的痕迹，破损严重。

二层的各个角落都有梯房，我们循着楼梯又上了三楼，这层楼似乎是"危机四伏"。但为看清这神秘的古建筑，大家也管不了这么多了，定下神来，仔细数了数，原来这里每层都有一个主厅，四面为一厅四房，共三层48个房间。村民们告诉我们，在人民公社化的时候，这里住过18户人

庶安楼（郑宪）

庶安楼内（郑宪）

家。现在年久失修，里面的住户已经陆续搬走了。现在的庶安楼实际上是一栋空楼。但楼内精美绝伦的雕刻装饰，丰姿不减当年。对着日渐颓圮的现状，让人觉得心中一阵惆怅，但愿这座具有很高的研究价值和旅游开发价值的古土楼，能够引起人们的重视和保护，重新展现出它不可估量的历史文化价值。

"五峰土楼"——有一个美丽的传说

出了店仔村，我们又赶到"五峰土楼"的所在地同安汀溪镇的五锋村，目睹德安楼的风采。与庶安楼散落田野间不同，这里青山耸立，绿水环绕，门前两条小溪汇聚于此，山水相连的环境相当优雅。德安楼外观呈长方形，长50米，高约12米，下半部以溪石垒砌，上半部为三合土，有1.7米宽的环廊，东、北各有一石拱门。而且外墙犹如城墙，全部由大卵石垒成，厚

度达两米，相当坚固。据说是楼主许尚官发家后，在清朝乾隆年间所建。德安楼的屋顶早就坍塌了，而有关人士利用这些历尽沧桑的土楼外形，营建起了一个颇有韵味的"度假村"。我们抚摸着岁月流淌过的墙壁，仿佛可以感受它坚不可摧的生命力。据五峰村的村民介绍，德安土楼还流传着一个"五峰出加纳"的优美传说。五峰是德安楼所在的村名，加纳是指加纳鱼。五峰位处山中，哪来的加纳鱼呢？原来当年许尚官的儿子看上了一位金门媳妇，亲家调侃许家："我女儿喜欢吃加纳鱼，你们那有吗？"许家强撑面子，说"有"。为了争一口气，许尚官在鱼汛之初用高价在金门外海大量收购加纳鱼，然后送到亲家，而这时加纳鱼都还没上市，所以民间就传出"五峰出加纳"的这一说法。当然，金门姑娘最终也嫁到了五峰。

五峰土楼（郑宪）

"回形土楼"——精美的石头不说话

　　我们辗转来到灌口，因为这里的"回形土楼"同样别具特色。据说在深青村一带的土楼历史上有近10座，现在大部分已不见踪影，只存名称和遗迹。

　　在灌口镇坑内村前山社，这里原来有两座土楼，一座是前山东北面的下土楼，现在只剩下残墙断壁，而另一座就是上土楼，亦称"顶土楼"。虽历经百年风雨，仍大体完好，亲眼目睹，才知道原来这就是"回形土楼"啊！我们惊讶于它的神奇和大气，它以土楼为中轴向四周相等距离建平房，中间才是一座以天井为核心的两层土楼。从高处看，中间土楼好像"口"字，外围的平房也是一个大"口"字，这样就形成一个回字，所以大家亲切地称它为"回形土楼"。上土楼约建于清道光年间，占地面积约1600平方米，仰首望去，甚为壮观。

　　走进大门，一条大鹅卵石铺就的小径笔直向前，通向回字形土楼的内大门。环顾四周，我们发现院里四周通道全部是用鹅卵石铺就而成，墙基也是，甚至连通向外面的排水沟也用鹅卵石砌成，不知情的还以为我们进入了一片鹅卵石的世界呢！据村民们说这里不远处有条小溪流，盛产鹅卵石，于是就地取材拿来盖土楼了。想想要是去买这些建材，那可是一笔大开支呀，而且以卵石铺路，雨后干爽快，便于行走。迈步前行，就来到土楼的核心天井。面向天井正中的是祖堂，祖堂两边是厨房与库房，二层是禾仓，放置谷物和各种农具杂物。在土楼里，我们还看到当时各式各样的石盆、石磨，有些属于农业用器的石雕造型奇特，至今土楼内的居民说不出它们当年的用途。虽已蒙上了岁月的风尘，反而为当代人留下一道道谜团，更能引起人们的兴致。当地人说这里大大小小共有52个房间，最热闹时曾有130多人，足见当时人丁兴旺。据土楼专家考证，闽西南各地有许多土楼，但这种回形结构的古民居建筑，在闽南却较少见，因此更显得弥足珍贵。

海天情愫

HAITIAN QINGSU

厦门特殊的地理位置，使它成为闽南人过台湾，下南洋的重要口岸。

天风海涛，卷不走他们对故里的深情；深宅小院，掩藏着先辈的印迹与情思。

厦台探源，从洪本部开始

传说远古时厦门的半屏山因地理变迁，一半在厦门，一半在台湾。元代同安设巡检司于澎湖，监管台湾事务。清康熙二十三年（1684年），设台湾府，隶属福建省，与厦门划为同一行政区域，设台厦兵备道，台厦兵备道合署34年。《台湾府志》云："台郡、厦岛，鸟之两翼。土俗谓厦即台，台即厦。"特殊的地理位置使得厦台民间在历史上早就有了亲密的往来。我们在有关专家的提示下，走进历史积淀深厚的洪本部老街，寻访那些遗落在民间的两岸交流的遗迹。

老街诉说漫长历史

洪卜仁老先生建议我们，追溯厦门、台湾人文的历史渊源可以从洪本部开始。街巷的名称在某种意义上是演化成一个城市历史人文的印记，洪本部街这几个字本身就是厦门与台湾历史渊源的佐证。

从轮渡林立的摩天大楼间拐进洪本部街，时间仿佛退后了好多年。狭窄的小街，陈旧的房

海天情愫

屋,喧闹的集市,弥漫在空气中的鱼腥……一切都在无声地诉说着这条老街的年岁。当年郑成功在厦门设立六部,他的部下中有一位骁将,据说掌管着兵部,其衙门就设在这条街上。这个人名叫洪旭,他的衙门就称"本部堂"。洪旭是个颇具传奇性的人物,是同安后埔人,早年参与郑芝龙贸易集团。郑芝龙降清后,他守节投奔郑成功,他能文能武,成为郑成功麾下的一名大将,同时也是郑成功的一位得力助手。

郑成功收复台湾后,洪旭重权在握,曾在厦门、澎湖、台湾等地任职,对厦台的联系作出了很大的贡献。

洪本部街的一大段是洪本部衙门旧址。当年的衙门早已不见踪影,在一些老建筑上,巨大的石雕雕刻着龙的图案。据说这是当年衙门的旧物。从这几块石刻仍可透出衙门昔日的气派。再往深处走,我们又发现42号留有衙门的一扇门。这扇红漆木门已斑驳不堪,足见年头久远。推开门,穿过一条过道,

洪本部老巷(郑宪)

只见一幢气势不凡的楼房，楼房顶部刻有"邓宗颖大厦，1947"，看来衙门早就几易其主了。

几处零零散散的遗存已不能复原出本部堂的原貌，但遥想当年，本部堂占据着多大一片面积，是何等气派！难怪本部堂所在地演化成了路名，至今这条街仍称为洪本部街。街上一位姓陈的老居民告诉我们："你们要多了解一点历史，要有多一点的发现，还要往这些老街的深处走去。特别是你们要知道厦门与台湾的深远渊源，那就更要到当年的古码头旧址去了解和发现情况。"

码头见证两岸交流

我们跟随陈先生走过狭窄逼仄的小街，来到石浔巷。在巷口一栋古屋的墙上，镶有一块1米多高的石碑，上书："重修洪本部渡头碑记。"从石碑顶端刻着的"皇清"二字可看出，这块碑是清朝时刻的。在洪本部街158号的昭惠宫的右侧墙壁上也有一块石碑，虽然石碑有一小部分字迹被后来的粉刷所遮盖，但从残留的文字中可以看出这是当时的官员为重修洪本部渡头捐款的记载。碑文中有这样一句话："渡头之有洪本部也，闻自洪公倡始。"可见渡头早在清代之前就有了。

陈先生还告诉我们，这一带除了洪本部渡头之外，还有打铁路头、得胜路头、典宝路头等古码头。路头、渡头在闽南话中都是码头的意思，不过这些古渡头的旧址都藏在这些老街巷之中，因为海岸线已前移了不少。特别是在打铁路头的旧址上，我们发现了一间深藏在水泥丛林间的福寿宫。从福寿宫的碑记上可以看出这座小宫庙历史的悠久，碑记上明确地记载了福寿宫建于明嘉靖三十一年。宫庙内的老人告诉我们，这一带是厦门的一处古海岸，曾经是厦门航运最繁荣的地带之一。历史上这里一溜的摆开了十个路头，这些路头专门进行闽南、台湾及海外的客运和贸易往来。台湾的船只在这里停靠是司空见惯的。比如说当年施琅底定台湾归来，就在这一带上岸，旧址约在开元路口一带，这个古码头从此就称为得胜路头。当年这里还有专营瓷器的瓷街，和专门运输瓷器的瓷街路头等古码头，因此是台湾同胞的船只经常停泊之地。

鹭海滔滔连台郡

五通古渡

台湾当代诗人林恭祖在与厦门诗友唱和时,曾以《两岸心声》为题写下这样的诗章:

> 弱水三千人可渡,蓬莱隐隐白云深。
> 欣看鹤为群朋舞,谛听龙因两岸吟。
> 地转九州升晓日,天回四海播潮音。
> 众鲸喷起连云浪,化作飞花绚古今。

"弱水三千人可渡",绝不是诗人的想象。历史上厦门、台湾两地的往来,尽得舟楫之便,用句闽南话来形容,这种往来就像自家人"拐灶脚"(下厨房)。1684年,台湾设一府三县,隶属福建省。台湾和厦门,都属于台厦兵备道管辖。1721年改设分巡台厦道,直到1727年才单独设立分巡台湾道。清代官员赴台,由北京先到福州,再从福州经泉州来到同安(现属翔安区)马巷的刘五店,用渡船过渡到厦门岛北边的五通渡口,穿越鹭岛,最后从水仙宫码头下海渡台。

我们在五通村凤头社的海边,在古榕掩映下,找到了当年的这处"官渡",现在这处早已丧失了功能的古码头,已成为文物保护单位,平日里已很少人问津。隔着烟波，翔安的刘五店依稀可见，但当年往台湾任职的官员，这里却是必经之地。清代，十一位任职台湾的官员，用他们的"廉俸"，在这处古码头的边上修建路亭，留下一段佳话。

乾隆三十九年的"重建五通路亭碑"里记叙着："五通渡，泉厦往省通津也。……余奉命观察台阳，尝取道于斯……"这位奉命观察台阳的官员据说名叫奇宠格。据叙，当年五通渡头"仕宦商贾接踵问渡，暑苦渴，雨苦淋，疾风惊浪，踯躅崖畔，望洋兴叹者，侵夜苦无栖息之所，往来咸弗便也"。因此这位"台澎督学兵备道"的官员，发动了台湾府正堂、台湾县正堂、凤山县正堂、彰化县正堂等十一位台湾官员捐银重建了五通路亭。现在路亭早已不见，而当年赴台湾上任官员的路线仍有迹可寻。

这条从厦门到达台湾的"官渡"线路，在今日的台湾岛上，也留下印迹。台胞洪先生告诉我们，在台湾的台南，一处俗称"镇海头"的地方，至今仍保存着一座"接官亭"石坊。这处古建筑是乾隆四十二年（1777年）台湾知府蒋元枢兴建的，现在它也是台湾岛上标志厦门、台湾渊源关系的胜迹。

厦台人民深情

厦门与台湾的往来，不仅是官方的，更多是民间的。据说当年的水仙宫码头，是一处官民共用的码头。

清道光《厦门志》详细地记叙了官船"台运内地兵眷兵谷"及商船从台湾运粮谷和糖的情况，而这些船只的往来多停泊在水仙码头一带。

离古水仙宫码头岸边不远处，原有一座水漈上帝宫，供奉的是玄天上帝，正名为"武西殿"，当年来

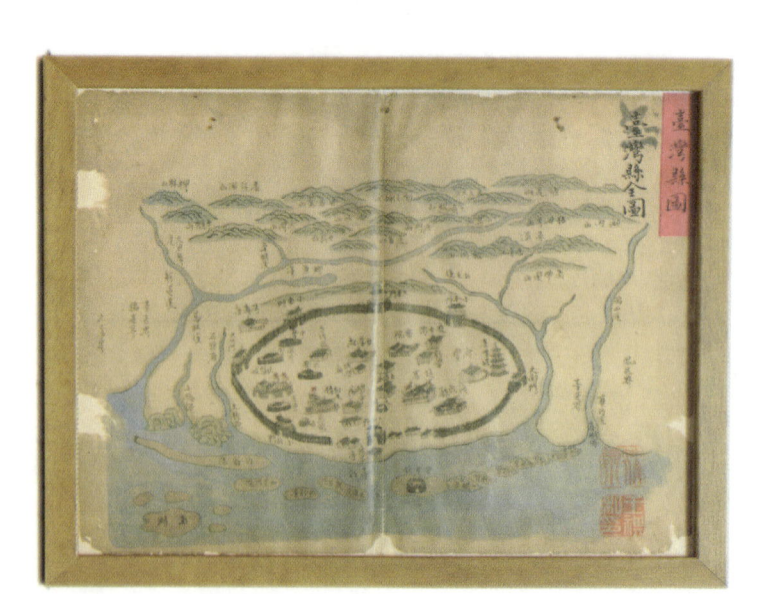

台湾县古地图（立秋）

台南接官亭石坊（立秋）　　　　　　接官亭后为风神庙（立秋）

往海峡两岸的官员和民众，常到宫里祈求保佑平安。据说每逢在水涨时祈祷，尤其灵验，故称"水涨上帝宫"。当年出生在台湾彰化的太子少保、军门王得禄等官员和台湾的一些船号商号，在清道光年间捐资重修了这座宫庙。在城市建设中，这座宫庙已被拆除，原来伴在宫庙边的古榕，仍然翁翠，默默地阅尽沧桑变化，但不变的是厦门、台湾割舍不断的渊源和两岸民众的深情。厦门港民俗专家陈复授说，历史上厦门港是台湾渔民众的往来、避风之地，台湾的港口也是厦门渔民的往来休息之地。原来隐藏在鹭江道竹寮巷口的妈祖庙，是两岸民众共同信仰的神灵。无独有偶，而在台湾台南，有一座风神庙，这座风神也是建在海岸边，从前从厦门到台湾的官员和民众，多从台南上岸，第一件事就是往风神庙拈香谒拜，感谢风神保佑，一帆风顺安抵台湾。返程厦门时，也要到风神庙朝拜，祈求风神赐福，一路平安。方文图先生告诉我们，水仙宫码头一带的岸边，有个地方称为寮仔后，历史上是台湾来厦民众聚居较多的地方。厦门、台湾之间虽隔着海峡，但这个海峡其实是两岸往来的通途。早年从厦门渡台，用的是木船，到达澎湖7个更次，再由澎湖到台南4个更次，共11个更次。而今如从高雄乘船，八九个钟头可抵厦门，乘飞机30分钟即可抵达。

卢厝：洋风乡粹构华堂

为求淑女建豪宅

思明南路一带的蒋家与卢家古厝相距不过几百米，百年来厦门民间流传这样一段轶事：清朝末年，同安古庄人氏卢安邦（又名卢国梁）科举不第，转而从商，来往于厦门、南洋之间，几年功夫，成为富豪。然而功名之事始终耿耿于怀，于是用钱捐了花翎顶戴，此时钱、权在握，闻说蒋家有女初长成，因此想与蒋家谈门亲事，不料这位新贵却受到蒋家的讥讽："卢家有我们蒋家的富，可没有我们蒋家的厝。"卢安邦受此一激，决意兴建卢厝。而且誓言："卢厝一定要比蒋厝更漂亮！"

于是卢安邦就在离蒋家仅几百米远的地方，大兴土木，仿泉州状元府的模式来兴建卢厝，历时数年方大功告成。卢厝坐北朝南，为三进三开间两护厝。建成后的卢厝称景范堂。现存占地面积尚有1000平方米，坐北朝南，由中轴对称的横向两落大厝和两列纵列护厝及前院埕组成。前后大厝平面均为三进三开间，明间为宽敞的厅堂，左右次间设厢房，后厅较前厅深阔，设有神龛。二厝采用抬梁式木构架及单檐尖山式，硬山顶，燕尾式翘脊，其间以过水廊相连接，围合成中心大天井。东西护厝为琵琶式山尖硬山屋顶，与大厝之间留有狭长天井，以镂窗墙分隔成对称四小天井，与前后护厝小客厅自成小单元居室。东西前半部天井中另加盖小方亭，用于休闲、会客。护厝前檐贯穿南北的走廊同院后巷弄及中央廊道连通，形成整体建筑的联系纽带。前院围墙正中设门厅，两

海天情愫

侧随墙门为平时主要出入口，东西和西南院角分建厨房和"能量"房。整体布局结构及屋顶样式仍保留着北方四合院和宋代曲线屋顶的建筑特点。据说卢厝落成时前后均有花园，但现已不存。

据卢家现存的阄书载："卢安邦自少远地奔波，苦心经营，克勤克俭，手创小吕宋恒昌号，厦门源昌号生理"经营船运，后向清政府捐官，授六省巡按之职，卢安邦习儒经商，曾手撰一副对联："丹桂有根独长诗书门第，黄金无种偏生勤俭人家。"据说他生性豪爽，曾捐巨资用于公益与防御，光绪皇帝御赐"乐善好施"匾额，惜毁于"文革"。国民革命时，安邦是前清遗老，却捐资支持辛亥革命，安邦六子文彬在抗战时卖船捐为抗日用船。其女卢惠珍在菲律宾加入共产党，她于20世纪60年代回国后，在北京中侨委工作。安邦孙子卢合溪曾任北京体育教练，卢合浦是外科医师。卢厝众多精美的建筑艺术构建能幸存至今，全赖于卢安邦孙子卢家欣在文革期间所花的苦心。当时四处捣毁艺术品称为破"四旧"，家欣心甚不忍，想到家中那些精美石雕难逃厄运，于是心生一计，每于凌晨或假日，用泥土将石雕封住，终于卢厝内百幅石雕幸免于难。

卢厝外观（白桦）

精雕细琢见匠心

卢厝的建筑装饰美轮美奂，闽南民居雕饰手法在这里发挥得淋漓尽致。以红砖组砌的墙体，竟是一组吉祥文字，门窗、墙堵的石雕不仅多达百幅，而且雕凿技法极其精湛，花鸟跃然如生，人物神志活现，就连悬空的马缰，也琢得股绞分明。据卢家的后裔说，20世纪50年代，陈嘉庚见到卢厝的石雕，赞赏不已。

"雕梁画栋"在卢厝似乎已不足为奇，且不说梁枋间活灵活现的猛兽、力士、飞天、花鸟等饰件和雀替以及玲珑精致的莲花垂拱，也不说以卡榫斗拼图案或诗习文字来装饰的窗棂花格，各种花鸟图案的镂空窗花，几乎是触目可及。当然，最能体现主人高雅情趣与文化修养的是墙面装饰中大量运用琉璃烧制的石板摹刻的唐英、张瑞图、黄道周、吕世宜、郭尚先等历代名人墨客的诗词墨迹，"山如远黛水如玉，花有清香月有阴"，雅致的诗句与清峻的书法，至今保留完好，翰墨馨香宛然。或许这是失意于

状元王仁堪在卢厝内的书法（白桦）　　　张瑞图题刻（白桦）

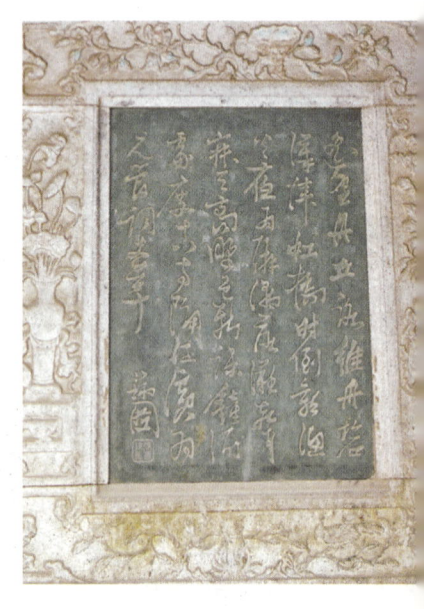

海天情愫

科场的卢安邦在这一方家宅中抒发他的文化理想。昔人已矣，风华犹存。

至于传说方面，景范堂落成之后，蒋家女儿的大轿自然也就风风光光地抬进卢家来了。这段不见诸史书的民间逸闻流传至今，与几百米外的蒋厝一道，为景范堂增添了瑰丽的色彩。而闽南人文心态中诸如崇尚商贾，好强与打拼，远儒与崇儒，开放与兼容，在景范堂的传说与建筑本身都表现得颇为明显。

可是谁又能想到这样一座古风俨然的闽南大厝内，居然还有一些在当时相当"现代化"的设施。房屋内部铺设有暗管，由"发电"房（电石与水作用产生易燃气体）的厨房顶"蓄水池"向各房厅供气、供水。客厅地板的花砖据说是从法国运来的，卧房内有西式壁炉以供取暖。若说这是厦门民居中西合璧建筑文化的早期例证，一点也不为过。

面对这样一座内外兼美，富丽精致的家宅，蒋家女儿果真是嫁过来吗？在卢厝的神龛里确有一个姓蒋的夫人的牌位，而蒋夫

卢厝院内雅筑（白桦）　　　　　　　卢厝内的吕世宜书法石刻（志明）

人的儿媳,至今尚健在。她婆婆名叫蒋顺喜,为人和善谦恭,果然是大家风范。嫁进卢家时已经25岁,在当时确属"大龄女",那是因为蒋家亦信守诺言,待到卢家大厝落成才嫁女。她说婆婆不仅尊公婆和妯娌,而且极重家庭教育,卢家后来家道中落,夫君童年启蒙全由婆婆教导。蒋顺喜于1975年过世,享年85岁。百年岁月匆匆过,卢厝"历尽沧桑风华在",仍在述说着优美的故事。

隔海辉映吕世宜

卢厝正门匾额题写"范阳世泽","范阳"为卢氏宗族的"郡望",同安古庄的卢氏本身即为"烈山五姓"(卢、纪、许、吕、高)之一,自古以来播衍厦门、金门和台湾等地,与金门、台湾的"烈山五姓"宗亲交谊深厚。这次的新发现,又一次为两岸文化史和亲情史的交流再添一有力佐证。

吕世宜(1774—1858),字可合,祖籍金门西村,因此别号西村。清道光年间举人,精于书法,被誉为"金门一千六百年来最有成就的书法家"。初掌教厦门玉屏书院,后被台湾首富林国华礼聘为家庭教师,长期授徒讲学于厦门、台湾之间。因酷爱中国古代典籍及金石之学,第一次把中国的善本古籍有系统地收集到台湾,并建立台湾第一座图书馆和博物馆,因此又有"台湾图书馆之父"、"台湾博物馆之父"和"台湾金石学宗师"之称,对台湾影响很大,在厦、台的文化交流史上做出过极大贡献。

据族谱资料显示:卢安邦,出生于同安古庄村,由于卢安邦的父亲与吕世宜的父亲吕仲浩私交甚笃,两家有通家之好,因此卢安邦幼年时,到厦门投在吕世宜门下,受其课业指导。后来卢安邦科举不第,转而经商南洋等地,曾到过吕世宜执教的台湾板桥别墅,发现新建成的林家宅第有许多楹联、题字多为吕世宜题写,时吕世宜已去世,卢安邦睹物思人,心有所感。后在厦门建造卢氏大厝时,运用了大量珍藏的吕世宜墨宝雕刻于书房、庭院等处。这些吕世宜的真迹,遒劲、清逸,彰显了一代书法家的风采,可与海峡对岸板桥花园的吕世宜真迹相辉映。

鹦哥名楼 建筑奇葩

谢画锦 托友建名楼

在民族路（当时称民生路）靠近碧山路口处，有一幢气势宏伟的别墅拔地而起，雄踞四周平屋之上。楼顶塑有振翅欲飞大鹦哥，人称"鹦哥楼"，乃华侨巨商谢画景所建。谢画景原籍福建惠安，远涉重洋，旅居越南西贡，经营米厂，累年劳碌，苦心经营，虽然已在他乡成家立业，然而故土乡情，时萦梦中，岁月弥增，乡愁弥深，渐萌落叶归根之意。于是委托同乡好友骆玛稳，在厦门海滨选址兴建房产。骆玛稳与谢画锦是惠安同乡，交谊甚笃。少年时学习木匠，青年时期起

鹦哥楼初建成时的老照片（志明）

到海外从事建筑,对西洋建筑的各流派洞悉入微,且能博采众家之长。受友人托付,已年过不惑、技艺纯青的骆玛稳,决意为友人设计出经典性的建筑,同时展现自己多年从事建筑设计的才华。他博采了众多西洋建筑的精华,几易草图,并取《孔子家语》"南风之薰兮,可以解吾民之愠兮"之意,与谢画锦定楼名为"南薰楼"。此间还有一段轶闻:谢画锦喜饲鹦哥,作为挚友的骆玛稳,却由此激发了灵感,遂以鹦哥作为装饰大楼的吉祥物,点缀大楼。

20世纪30年代,骆玛稳特从海外归来,鹦哥楼破土动工。施工、督建均由骆玛稳一手操持。四年后大楼甫落成,即在厦门岛上一举成名。这一幢在当时令人耳目一新的建筑杰作,其设计施工全是由闽南人完成。在某种意义上,它展示了国人建筑西式楼宇的杰出才能。

鹦哥楼 细赏识奇葩

鹦哥楼总标高约20余米,正面罗马柱巧妙应用西洋图案的装饰已使整幢楼显得气势恢宏,而更令人称妙的是楼的顶端巨大展翅欲飞的泥塑鹦哥,使大楼顿增生气,因此厦门人自然地称它为鹦哥楼,正式楼名"南薰楼"反而少有人理会了。

由于是闽南人设计,因此这幢亚洋楼里,中国文化仍闪烁出熠熠的光辉:纯亚式的窗楣上镶有"紫气东来"的镏金石匾,凉台上用彩色水泥塑造了两只安乐椅,盛夏在椅上乘凉,别具趣味,而更令人叹为观止的是主体楼顶宽敞的天台,竟是一处绝妙的中西合璧的花园。一道斜梯,半壁雕饰,让人渐

鹦哥楼(白桦)

入佳境，一上楼顶，假山、凉亭、花台、水池……一应俱全，而且整个布局高低有致、层次鲜明，让人不得不惊叹设计者的匠心独运和建造者的高超技艺了。骆家后人说，小时候常到这屋顶花园玩耍，那时凉亭上还挂着长长短短、大大小小的风铃，清风过处，叮叮当当响成一片，煞是清脆好听。我们登上假山上的凉亭，顿觉海天一空，神情气爽。此楼拔高而起，加诸周围均为平矮的房屋，鹦哥楼俨然鹤立鸡群了。登高台，倚栏杆，不觉有飘然之感。前瞻青山如屏，鸿山美景尽收眼底；后俯碧海风清，落日归帆渔歌唱晚。……在这个富丽堂皇的楼宇中，设计者仍有明确的"居安思危"意识，在楼底的天井里特凿一口水井，可从楼顶直接向下取水，即使全楼封闭，用水仍可无忧。

历沧桑 老屋多故事

据骆家后人称，当年谢画景的房产自鹦哥楼一直延伸到海边。据说谢氏本有意归居鹦哥楼，再于此附近安置店铺若干，因此地临海往来航运便利，南洋的生意也就可以红红火火地继续下去。正因为鹦哥楼的特殊地理位置，又是一个制高点，所以历来是"兵家必争"之地。据说当年日本军队、国民党军队都曾占据鹦哥楼，楼顶的花园多次遭受劫难，已毁坏不少。但其精湛的遗存，仍称得上是经典之作。

鹦哥楼是一幢历尽沧桑的名楼，大楼落成，谢画锦十分满意，特来厦门在大楼留影。但不久，日寇侵华，烽烟四起，谢氏将房屋全权交由骆玛稳打理，返归桑梓颐养天年的心愿遂成泡影。房主一生未进住自己的别墅，这或许也算是鹦哥楼传奇之外的佚闻吧。

鹦哥楼的屋顶花园（林剑影）

一座老房子 两代兴学人

棉布大王　热心桑梓教育

清朝末年，前埔村一位家境贫穷的少年林云梯（据说那时才13岁），和族人踏上了菲律宾谋生之路，当时谁也没料到，这位贫穷而有志的少年，在菲律宾艰苦奋斗，竟成一代"棉布大王"。事业成就之际，他在前埔兴建了一座三落的闽南大厝，这就是现存的林云梯故居。幼年失怙的林云梯，深知教育的重要，在大厝的建筑装饰中，抒发了他的教育思想；他的儿子林珠光更是厦门一代兴学倡教的热心人。这座已有百年历史的老房子，自然而然地留下了厦门近现代历史上中华民族传统文化与西方文明交汇激荡的痕迹，更记述了两代厦门华侨兴学重教、开启民智以振奋民族精神，自立自强于世界的努力与尝试。

林云梯故居占地1300多平方米，前、中、后三落秩序井然，气势恢宏。门楣上"林氏小宗"，乃同安前清举人陈锦谦所书。庭前两方石刻，书法奇逸，内容乖僻，署名酒隐子。在一般闽南大厝中少见的是，在中落的天井里，建有一方书亭，上有题词曰"书声剑气"、"调琴养鹤"，还有一联曰："几静云生砚，书联月虚窗。"据说，当时林云梯特聘塾师，在此教导蒙童，本族子弟皆可免费听课，升学者皆由他资助。林云梯的教

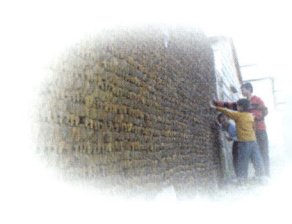

云梯故居里的洋人形象石雕（志明）　　　　林云梯故居的泥塑（杜小霞）

育思想注重从实际出发，大厝中堂上有一联曰："何必建掀天揭地功，方为不负所学；若求得修身齐家道，即是一代贤达。"要求做人要"品节祥明，德性坚定；事理通达，心气平和"。其实林云梯的宏愿不只是要让本村本族的子弟接受教育，他还要让更多的人有受到教育的机会。民国初年，林云梯的儿子林珠光从菲律宾回厦，住在这座老房子里，继承父亲的风范，光大了兴学的义举。1919年，林珠光与马侨儒以及一批菲律宾爱国华侨和厦门商界知名人士，抱着"教育救国"的思想，创办了双十乙种商业学校（即现在厦门双十中学的前身）。初设霞溪，后筑新学舍于箭场仔（现址），史载"其中林珠光捐款最多"。林珠光任校董会董事长，马侨儒任校长。双十逾今八十余载，其间英才辈出，如著名音乐家李焕之，社会活动家庄炎林，国际知名医学家李景昀等，在海内外颇有影响。1922年，林珠光又在前埔创办了"云梯中学"，史载"（云梯中学）建筑崇宏校舍，设备颇有可观。（抗战期间）厦岛沦陷，竟被敌伪摧毁，仅余瓦砾。惜哉！"

　　或许是因为生活于故国风雨飘摇的多事之秋，痛心于国人曾经被辱为"东亚病夫"，林珠光还是一位热心祖国体育事业的社会活动家。1927年7月，当时著名的足球健将李惠堂应林珠光的邀请，率队访菲比赛屡战屡胜，由此被誉为"亚洲球王"。我国第一支出国访问的篮球队，也是林珠光先生以菲律宾华侨队为基础，邀请上海队员参加组成的"中华征美篮球队"（男子）。该队于1929年7月赴美国学习与比赛，受到美国和海外华侨的称赞与好评。

名人故居　风雨飘摇之中

　　保存至今的林云梯故居，其丰富多彩的建筑艺术内涵，尤其值得欣赏和品味。虽说总体而言这是一座典型的闽南大厝，但经历椰风蕉雨的林氏，似乎并不拘泥于一格。这座闽南传统式建筑中，还采用了西式建筑装饰艺术，如在护厝的山墙处装饰着展开双翅、独立于球体上的飞鸽，其两侧是一对带翼的卷发天使。庭院没有相互呼应的两座拱形院门，门额上装饰着蔓草簇拥的盾形花头。这些均是西式建筑中常见的装饰手法，但在闽南古民居中，这种手法极为罕见。故居的整个外观至今仍保持得相当完整。整体设计风格清雅，按照闽南传统的习俗，前落厅堂供奉着神龛，室内的家具、一些器物的布局也大都遵循旧制，显得古朴大方。在房屋两边的墙裙上装饰着鲜艳精美的砖雕，内容是一些三国故事，人物形象栩栩如生。林云梯亦想把这个家当作休憩的港湾，"崇山峻岭茂林修行，松风水月独洒琴素"，"分岁月做闲人，春光碧草；放溪山为逸老，秋色黄花"，仿佛可见当年主人的潇洒情韵。古厝的左边是林家的"二期建筑"，施工中，颇现"洋光"。墙面和柱基，多用夹色水泥制成博古图案水磨而成，形成一处幽雅的庭院。其中以许多吟咏山水托寄闲情的书画点缀其中，颇有林下之风。立此庭中，凉风轻拂，遥想主人当日，诗书一卷，清茶半盏，静以修身，何等快意。忽想起前面大厅之中联曰："何必建掀天揭地功方为不负所学，若修得修身齐家术亦可为贤达。"思其一生行止，不禁令人莞尔。另外屋顶的排水系统也颇有巧思，檐上两只张大嘴巴的小石狮子踞于雨水汇集之处，担负起了排水重任。

　　百岁沧桑，林氏故居也经历了数次劫难，较严重的两次是日本侵占厦门时以及文革期间。如今故居年久失修，前几日暴雨倾盆，屋内也渐渐沥沥。雅致的书亭内，横匾之下只留下像伤痕一样的水泥墙面，亭子的两翼还用木板勉强支撑着，显然曾遭重创。思及旧日风华，禁不住让人黯然神伤。

时光通道—林云梯老屋的护厝（杜小霞）

台湾"茶叶大王"的诞生地

若不是《厦门日报》热心读者张亚狮先生向我们提供了这条线索，一段厦门与台湾因茶叶而缔结的渊源，或许就湮没于沧桑岁月。那一栋番仔楼，那一位茶叶大王，从厦门到台湾。张宝镜就是从这不甚有名的五通下边村扬帆起航，迈出前行的步履。如今这段亲情仍在延续。

五通，是个古老的渡口，这里是远航的起点，也是归来的港湾。五通渡虽小，但当年码头亦曾舟楫频繁。清朝末年，张宝镜原本就是这样一个在闽南海滨普通农家成长起来的少年。据说当时因家境贫寒，时常食不果腹，宝镜在少年时就利用族中的亲戚关系、家门口的舟楫之便，过台湾创业。真是阴差阳错，这位在海边长大的男孩，后来在海峡两岸经营起了茶叶生意。当时厦门是茶叶的集散地，他把各地汇集到厦门的茶叶经销到台湾，几年之间，事业有成，家资万贯。他没有忘记自己的出生地——五通下边村，在这里他精心地营造了一栋房子，留下一座建筑精妙的番仔楼矗立乡里。近百年来，它静听潮起潮落，诉说昔日的奋斗与繁华，有人将它称为"宝镜楼"。令下边人引以为豪的是，当时在台湾被称为"茶叶大王"的张宝镜只有三十多岁。

厦门茶行遍台湾

"采茶歌里上茶山,采得新茶带雨还。商人重利官征税,千艘万舶出台湾。"茶叶一向是厦台商贸的重要内容之一。历史上,台湾原来出产水沙连茶,但长于深山,产量很少。清嘉庆年间,武夷茶开始进入台湾,但种植面积有限。台湾开港以后,英国德记洋行引入安溪茶种,使制茶业成为台湾开港后的新兴产业。刘铭传任台湾巡抚后,奖励茶叶种植,使台湾成为中国重要产茶区。1881年,同安茶商"源陆号"店主吴福元自带制茶工到台湾设立茶厂。台湾茶乡日益增多,茶叶大量种植、制造和出口。连横在《台湾通史》中记载:"厦、汕商人之来者,设茶行二三十家。茶工亦多安溪人,春至而冬返。贫家妇女拣茶为生,日得二三百钱,台北市况为之一振。"到1878年,茶叶已占台湾北部出口总值的90%。其后茶叶贸易日益兴旺,远销美国、欧洲、日本和东南亚各国,其中也有相当部分是通过厦门转运国内外各地。厦门与台湾的贸易从传统的民间直接贸易到以转口贸易为主的多向性贸易,商旅往来频繁,经济联系密切。正是在这样的背景下,张宝镜艰苦拼搏,逐渐崛起,茶行生意日益红火。鼎盛时,张宝镜的义和成茶行遍布台湾和东南亚,在泰国、印尼等国家以及台湾、香港等地区都有他们的分号,而且生意还北上天津。张宝镜因此也赢得了"茶叶大王"的美称。后来除了茶叶生意,张宝镜还尝试其他投资。他的长孙回忆说,自己少时曾经在台湾呆了十年,当时义和成茶行就在台北市彰化街,张宝镜还曾投资台湾第一剧场。根据吕诉上《台湾电影戏剧》一书的记载,光复后,台北第一剧场有1602个座位,排在国际、中山堂两大剧院之后,规模可观,而且已经有冷气装备,在台湾戏院中也是领先的。

饮水思源情常在

事业有成之后,张宝镜不忘乡梓。他在村里办私塾、小学,关心人才培育,每回过年他都要给村里的每户人家送米送油和红包,以照顾乡里贫弱。资助村中宗祠的修建,以示饮水思源,不忘祖先。据说也曾捐资集美学村的建设,这是张家至今仍津津乐道的荣耀。谈起祖

五通下边的宝镜楼（郑宪）

宝镜楼的泥塑（郑宪）

父的事业与当年的盛况，原本讷讷寡言的张开川先生顿时神采飞扬，连比带划地描摹着在台的经历，竭力追溯那渐行渐远的年少时光。而眼前这位清瘦孱弱、口齿似乎也不甚清晰的老人当年曾经是会讲三门外语的翩翩少年郎，睹今思故，不由人暗生唏嘘。

如今张氏子孙分布各地，有的在印尼，有的在台湾，其中有的仍继承遗业，手创的茶行商标至今仍是行销的品牌。据说台湾、香港至今仍有义和成茶行，张家后人告诉我们，前不久，义和成（印尼）有限公司的亲人还回来祭祖，这家茶行是张宝镜的外孙陈英灿经营的。每年清明，台湾、香港的亲戚来，总是要带一包义和成茶行的茶叶来祭祀先人，茶叶的外包装上印有张宝镜先生的头像，这是义和成的商标。

"茶叶大王"有余韵

近日从香港来厦的陈英灿先生,手中拿着《厦门日报·城市杂志》来到《厦门日报》的专副刊中心,激动地对我们说,报上刊载的《厦门人张宝镜当年台湾"茶叶大王"》中所提及的张宝镜就是他的外曾祖父。他刚到厦门,他的亲戚何先生就给了这张《厦门日报》,他难抑心中激动之情,专程赶到报社。

陈先生是张宝镜大女儿张水惯的孙子,现在香港经营着由张宝镜创建的"义和成"这个富有人文意味的老牌子的茶叶生意,因此看到报道,特别激动,马上赶了过来。陈先生还感慨地说曾祖父在台湾茶叶生意因时代变迁早已停办了,但据他了解,"义和成"行号的文化影响至今仍在。义和成的制茶的秘法在台湾仍有人继承,甚至还受到当局的重视,使该茶成为备受社会上流青睐的高级饮品之一。在印尼、泰国等地,义和成的"999"(商标)茶叶成为当地许多茶客的最爱。

厦门五通下边社是张宝镜的老家,但在厦门双莲池还有他的另一所故居。这栋故居是典型的西洋式建筑,大气的三层楼房,竖直的通顶罗马柱,展示了当年张宝镜创建茶叶王国的辉煌过去。而厅堂装饰的西洋花卉和彩屏玻璃至今仍然显示出外来文化之美。看来,经营中国茶叶的张宝镜还是个西洋文化的热衷者。在这处张宝镜的故居里,陈英灿很高兴地和一些久未见面的亲戚们欢聚,他们说,《厦门日报》的报道牵动了张宝镜后裔的心,也成了亲戚们欢聚的桥梁。因为许多亲戚因报纸的报道而聚集在一起畅谈往事,他们还要将报纸带到海外去,让海外的亲友对厦门的根多一些了解。

最后,陈先生动情地说,他是张宝镜茶叶事业的传人,正是有这层渊源,他对厦门怀有一种深情,也选择在厦门开拓相关的业务并希望能得到较大的发展。这样既是继承曾祖父的茶叶事业,也是为了一种文化的传承。

佘氏小宗与塘边三楼

塘边是厦门古老的村庄，传统与现代建筑在这里错综复杂地交融。在这里，西式洋楼与传统的闽南大厝交错相间。

这个古老村庄的历史究竟能上溯到多远，已难稽考。但父老传闻，南宋末年即有先民在此开垦，现在村中古老宏大的佘氏小宗"木本水源"四个黑色大字苍劲浑厚，落款"朱熹"二字至今鲜明，其下还有一枚方形印章。佘氏古宅至今保留了约1500平方米的格局，宅内各处做工精细而花纹迥异的花岗石石刻"柜台脚"，足见当年营建的匠心。而且房屋规划齐整，排水系统井然有序，设计之巧妙在我们目力所及，堪称一绝，据说佘氏小宗因此也不无永患之虞。佘氏据说源自泉州府，在当地亦称一旺族大家，后一支迁至此地。历经数百年风雨，古宅气度恢宏，只是略显苍凉。去塘边社的那一天，雨淅淅沥沥下个不停，灰白的雨幕下，山墙至上巨大的山花装饰仿佛提醒着昔日的雍容华贵，而传统的燕尾脊斜掠，宛若一道扬起的眉，傲然寂寥。

佘氏小宗或许承载了太多的历史故事，只可惜已杳然难追。而建于民国初年的塘边三楼则俨然篇篇传奇。红楼主人林在华年轻时欲与村中八位亲族同下南洋，不巧临行得了眼疾，不想因病免祸，这条船在海上遇难，仅一人幸存。但是林在华并未因此裹足不前，仍旧往南洋创业，并发愿：临难不死，他日起大厝，终有所成。直至今日，红楼仍堪称厦门岛内中西合璧的红砖民居精品。现存的红楼占地1000多平方米，为西式洋楼构造，民间亦称之为"番仔楼"。值得注意的是，这座番仔楼全部由雁字红砖砌

红楼的门庭匾额（林剑影）　　　　　　　　佘氏小宗署朱熹款的匾额（林剑影）

黑楼里的巨幅屏风画（林剑影）　　　　　　塘边白楼的窗花（林剑影）

　　成，尤其与众不同的是红楼数十根的顶檐圆柱均由特制的弧形雁字红砖砌成，这种建筑风格为岛内罕见。红楼门楣上镶嵌一块前清官府颁发的"急公好义"匾额，记载着林在华曾被赏予顶戴花翎。然而这位前清的遗老似乎又不为封建礼教所羁，在正房的门楣上，书卷图案竟分别镌着"惜花"、"爱月"。而红楼大院前的更楼，则是这个村庄在目前所仅存的一处古更楼。

　　白楼建于1912年，已经历尽了近百年的沧桑。当时我们采访了住在其中的林允信老先生，他已81岁了，说起白楼故事恍若昨日。白楼是其父林德栽（记音）建于民国元年。林德栽可谓少年得志，建这座白楼时年仅20岁，24岁白楼竣工后，婚后又赴南洋。在这幢楼内，在大厅的中屏，一幅教五子图彩画栩栩如生，可见林德栽望子成龙的殷切之情。彩画面积约十余平方米，教书先生儒雅蔼然，五个学童，或捧书求解，或互相切磋，或垂首沉思，神态无不惟妙惟肖，可见当时画师技巧之精湛。林允信老先生说，家中自小就重视教育，他7岁入私塾，至于13岁才转学国文，是村中现在也少有的能流利用国语交流的老人。如今一听到歌仔戏中"雪梅教子"的唱段，就倍感亲切，仿佛儿时往事。

鼎美关帝连台南

沧桑关帝庙 鼎美台南同一源

蓝天浩浩，绿水滢滢。站在东孚镇鼎美村已荒废了的古码头边上，仍然可见当时20多米的石码头遗迹，周围草香弥漫，绿树成荫。当年鼎美村民携妻带子离开家乡，前往台湾和南洋等地开垦定居，就是在这个现已沉寂的渡口踏上船舱，漂洋过海，开始他们新的征程。沿着小道拾级而上，码头岸边的一座标志性建筑——关帝庙闯入我们的视野。这座关帝庙名为正气殿，气势恢弘，是厦门难得一见的一座供奉关公的庙宇。

向我们讲述鼎美与台湾悠久渊源的胡世成老人告诉我们，正气殿里的蟠龙柱上记载着，此殿为清代嘉庆年间重修，可见正气殿的历史要比清代嘉庆年更久远得多。这座关帝庙还是海峡两岸同胞血脉情深的历史见证。

前不久，一位在厦门投资的台湾企业界人士卢国山先生据先辈的传闻，寻访到鼎美的关帝庙，卢先生感到兴奋的不仅是看到这古村中竟藏着这么一座建筑精巧的古关帝庙，更重要的是他亲眼印证了台湾前辈的传闻。原来卢先生家在台南，先辈们一代一代地传说台南的关帝爷来自同安的鼎美（鼎美古属同安县），其外观建筑和内部的神像雕塑全部以鼎美的关帝庙为范本，今天一见果然如此。卢先生惊喜之情溢于言表。他儿时在台南度过，关帝爷、赤兔马、周仓、关平，这些栩栩如生的形象深深地印在他的脑海里，现在鼎美关帝庙所见与台南的一模一样。其实是先有鼎美关帝庙，后有台南关帝庙，原来根在这里啊！特别令他有感触的是，正气殿门柱上一副古人撰写的对联："鼎室虽三分紫阳特笔终归汉，江山未一统华夏知名独有公。"

古庙在古码头上面对着潮起潮落，不知已有多少春秋。那些在海峡两岸穿梭的人们到这里顶礼膜拜，也不知有多少，但那些石柱上、石雕里却默默地记录着他们为这座庙宇献上一根石柱，或一块精美的石雕的点滴。其中许多捐赠者来自台湾，他们在百年前就把名字留在这里了。

美哉古民居　雕梁画栋桑梓情

时任村书记胡宝华告诉我们，胡氏在鼎美已有600多年历史，在元朝时从永定迁至此地，清朝属泉州府同安县二八都积善里。在离正气殿不远的地方有间胡氏祖厝。祖厝共三进，保护得较为完好。明朝福建著名文人何乔远亲笔提写的"百代瞻依"匾额就高悬在祖厝的大堂上。从门外的石狮、门框上的花纹到屋内许多古代朝廷钦赐匾额，无不显示着胡氏兴旺辉煌的历史履痕，而透过这些履痕，又可以窥探到与台湾有关的故事。早在

鼎美关帝庙（郑宪）

海天情愫

关帝庙对联（郑宪）　　　　　　　鼎美的庆余堂（郑宪）

明清时期，村民们凭借着"门口是渡头"的方便，不断有人"过台湾，下南洋"，特别是遭遇天灾人祸的时候，踏上海路的人就更多了。当时许多胡姓族人奔往台南和台北等地垦殖，繁衍生息，如今在台南下寮一带的鼎美胡姓子孙已达万人以上。在漫长的历史中，这些胡姓族人在台湾事业有成，或者考中科举以及下南洋赚到钱等都会在家园里营造上一栋漂亮的居所。正如有句闽南俗语所说："台湾钱，淹脚趾；南洋钱，唐山福。"因此现存的许多古民居的门前，都有象征着家庭荣耀的石墩。在每栋大宅的背后都留下了一个创业者的身影，而其背景多与台湾以及海外有关。

胡昭田老先生是村里的长者，现已年近九旬，但精神矍铄。他和年逾八旬的侄儿胡奕初带我们遍访了村中的胡氏的敦睦堂、笃叙堂和余庆堂。这些古屋的先人都曾往台湾创业过，特别是余庆堂的后裔现在在台湾更是人丁兴旺。老人们还告诉我们，从前"万金油大王"胡文虎、胡文豹兄弟俩也曾经前来鼎美的祖厝拜谒祖先。现在每年都有许多台湾省以及海外的胡氏后代前来寻根认祖。

厦门岛上的"金门"古炮

2002年10月,厦门发现的"金门"古炮就在"钻石海岸"的工地内,这处工地在厦门第一条骑楼马路的开元路口,背依现在的打铁街等老街。在"钻石海岸"工地上发现的清代古炮,长约2米,古炮铸有铭文,全文为:"嘉庆十二年秋,奉闽浙总督部堂阿、福建巡抚部院张,铸造金门镇标左营大炮一位,重一千斤。"这是本市第一次发现的铸有"金门"字样的古炮。这门古炮是清代重要的驻兵海岸炮之一,是研究中国古代火炮发展史和海防史以及厦门史的重要实物资料。

打开厦门古地图,这一带原是打铁、磁街、洪本部等路头(即现称的码头),这些古码头现已难寻觅。

工地掘开地表的景象也在叙述着沧海桑田的变迁。一排排排列有序的木桩深埋在海泥里,不知有多久的历史,越往海边方向的木桩越完整。市博物馆的陈文先生说,这些木桩可能是当时为加强海岸防浪能力的设

古炮上清晰的"金门镇"等字迹(志明)

施。从不同层次的木桩上可以看出这里的海岸线几次前移，因此越靠近现海岸的木桩，年代越靠近现在，也就越完整。厦门地志方面的专家、80岁高龄的方文图老先生冒雨来到现场，仔细观察了古炮和周边环境，向我们介绍了古炮出土处的历史，古炮在此被发现的可能原因。认为古炮出土地点位于昔日洪本部路头南面、提督路头北面的打铁路

古炮出土处附近的福寿宫前的打铁路头石碑（志明）

头，即今开元路上段的打铁街和石浔街附近，西距第六码头约200米。

洪本部为郑成功部将洪旭衙门所在地。打铁路头在打铁街尾海边，早年打造船锚、铁链的作坊集中之处，故有打铁街之称。据乾隆五十八年（公元1793年）《重修打铁路头碑记》（石刻）载，称该路头乃昔人创建，为通津要冲渡头。打铁路头历史悠久。到20世纪20年代末，因厦门市政堤工处按鹭江还堤计划，第一段即在船坞至铁路局前，包括典宝路头、洪本部路头、打铁路头、提督路头、磁街路头的海岸线外侧建筑堤岸，并新筑码头。上述旧路头从而废弃湮没。

在古炮出土的深坑里，明显地显示出多层的文化堆积层，这些堆积层蕴藏着丰富的人文信息。在古炮出土处的边上，还有一用方石垒筑成的疑是炮台的残址，但最能引起我们兴趣的是各种花色、各种年代的瓷片，瓷片之多，几乎触手可及。兴奋起来的陈先生是这方面的专业人员，他刮开瓷片上的泥垢，一块比一块精美，清代的、明代的、一时无法断代的……青花的、矾红的、象牙白的……这些瓷片长久深埋地下，仅稍作处理即显

出奇光异彩。不经意发现的两把瓷汤匙，其造型非常优美。令人称奇的是摄影小陈找到的两块瓷片，虽相距百米，但一拼起来，竟是一个整体！

原来在这处古海岸上，就有一个码头叫"磁街路头"，名扬海内外的中国瓷器从这里源源不断地运往海外。由于古代包装技术的落后，运输中破碎的瓷片填入海中，造成海泥中包裹了很多碎瓷片。直到20世纪末，这里还有一条叫"磁安路"的老街。因为磁街路头附近还有一条碗街，这个地方俗称"瓷碗街"，厦门方言的"瓷"即"磁"，"碗"和"安"谐音，后来这个地方就叫作"磁安路"。

古炮出土时的情景（志明）

在采访中，老厦门们都乐于向我们道出这处繁华宝地的往事。当时打铁路头、洪本部路头、磁街路头等一溜沿着海岸排开的码头后面，还集中了一些行业街，除了碗街、瓷街，还有纸街、木屐街、棉袜街等。据《厦门志》载："厦门准内地之船往南洋贸易，其出洋货物则漳之丝绸纱绢，永春窑之瓷器及各处所出雨伞、木屐、布匹、纸扎等物。"同时外国商人也常来厦贸易，他们带来燕窝、海参、苏木等货物，换取瓷器、石条、白纸、雨伞等，因而此地就集中了那么多的行业街和码头（路头）。

自古以来，这里商旅辐集，人烟稠密，同时这里也是海防要地，在铸造古炮的那个年代（清乾隆、嘉庆年间），洪本部是福建水师提督标下"左营守备署"的所在地。据知，在这一地带已不止一次有古炮出土，但标有金门字样的古炮却仅此一尊。

沧海横流　陈门之雄

　　海沧，今辖新垵、霞阳等地，乃月港故地海澄县之一隅。明朝中期，月港成为我国东南沿海对外贸易的重要商港之一，史载这一带"农贾杂半，走洋如适市。朝夕皆海供，酬酢之皆夷产"。临海善舟楫，涉洋长商贾，数百年民风相沿，建筑是生活的容器，芦塘的棣萼楼与莲花洲的莲塘别墅，都在海沧境内，都有上百年的历史了。而吸引我们的，不只是它们精湛独特的建筑工艺，我们想追寻的还有那些沓然于历史烟尘的民间生活图景，哪怕是零星的碎片。

芦塘棣萼楼　掩藏奇妙构造

　　芦塘棣萼楼的主人陈再安与莲塘的创建人陈炳猷（字伯守，号有为，1855—1917年）的父亲陈再佳乃兄弟，据说祖上是从河南迁徙入闽，先居同安，后定居海沧。鸦片战争后，陈再安到安南西贡（今越南的胡志明市）经商大米生意，勤勤恳恳奋斗多年后，生意越做越大。1895年，陈再安兄弟在青礁村芦塘建了三落大厝和东西护厝。与此同时，陈再安在大厝东侧又建了一座2000平方米的大楼，名为"棣萼楼"（取《诗经》以棣萼喻兄弟之义，"棣萼"又作"棣鄂"）。光绪二十三年（1897年），陈再安的三儿子陈炳煌考中举人。据查，陈炳煌乳名星熠，又名陈东恒，1923年病故，光绪丁酉（1897年）科举人，曾任大清交通银行行长，广九铁路局局长。陈炳煌踏上仕途之后，曾上书朝廷，言其祖母林氏之德，因陈在安兄弟之父过世较早，原配林氏含辛茹苦将孩子带大，再加上陈家对朝廷的赈灾及当地社会公益颇有贡献，光绪皇帝因而赐封林氏为一品诰命夫人。她过世后，陈炳煌建"乐善好施"牌坊以纪念之。因种种原因，牌坊今已被毁。林氏墓葬主体也被盗挖，墓前翁仲被盗走，只有这栋棣萼楼得留了一点与这位一品夫人有关的模糊的生活印记。我们多次探访棣萼楼，发现其中陈宝琛的手迹，奇特的营建结构，富含哲理的楹联堪称这栋古厝的三奇。

芦塘的棣萼楼整体形制与一般闽南大厝大相径庭，亦有异于通常所说的番仔楼，二层高的楼房呈"口"字型布局，中央是一片颇为开阔的场地，正门外的墙壁上清楚地记录了这栋楼当时的造价：历时三载，用工76.6万人次，耗资36.98万银元。门庭前宣统帝老师的陈宝琛特有的"兰花撇"题写的大门对联："兄弟睦家之肥，子孙贤族乃大。"横批为"卜凤家琛"，至今犹存。据介绍，这是将整块题字的砖烧制后镶到墙面装饰屏上的。这种工艺处理在当时是非常少见的。我们还留意到，墙面上的装饰图形大多为金钱形，也有万字形和寿字形，这些都显示着当时主人的殷实家境和对吉祥人生的寄望。据说陈宝琛与陈炳煌在朝廷就有交谊，后又共筹建设福建省第一条铁路，再加上人都姓"陈"，有同宗之谊。所以欣然为棣鄂楼题写对联，留下墨迹，为当时声望显赫的陈氏家族和气派的棣鄂

莲塘别墅（白桦）

棣萼楼大院（郑宪）

楼锦上添花。

　　棣鄂楼建筑的奇特之处，还在于它一反闽南传统建筑中常用的砖木结构，而使用了一种在闽南民居中极为罕见的钢砖结构。它的横梁和楼板不用一根木梁、一块木板，而是用一种槽钢，陈家后裔陈先生说他们把它称为"工字铁"。整座楼的楼板是由工字铁的框架造就的，框架中的每根工字铁间距约四五十厘米，在间距中砌上拱形的砖，层层相连，造出楼板。这种方式在厦门一带属于仅见，令人称奇。

　　陈家后人还告诉我们，因为当年建造棣萼楼时，是陈再安和陈再佳两兄弟一起兴建的，二人兄弟情谊深厚，不愿分家，所以聚族而居。但在实际生活中，妯娌、子侄们在一个大院里，共同生活，进进出出，难免有磕磕碰碰，因此和睦相处十分重要，因而在建造棣鄂楼的时候，主人已意识到了这一点，一改通理，在庭院、厅堂的楹联中凸现一个主题，就是强调兄弟和睦，这在闽南其他古民居中也是少见的。

　　楹联中如"涉世有良方，规行矩步；传家无功法，兄友弟恭。""守身三自反会吃亏者，便为孝子贤孙；垂训一无欺能安分者，即是敬宗尊祖。""必孝友乃可传家，兄弟式好感他，则外侮何由而入；惟诗书常能裕后，子孙见闻止此，虽中材不致为非。""学问吃紧，渊源近祖，北溪谪派；闺门大好，雍睦远宗，东汉坚芳。"这些楹联反映了安身立命的

墙上的绘画（白桦）　　　　　　　　　　　　雕花玻璃（白桦）

处世哲学，长幼有序的伦理纲常，谦让吃亏的做人原则，既为古厝增添了书香气息，也为后世子孙立下了"礼义"、"孝悌"传家的家训。

棣鄂楼呈四合院布局，分为上下两层，天井四边共使用了16根承重石柱。上下两层共有大小厅、房66间。每间厅、房都采用花岗岩石库门，门上刻着不同的房名。更特别的是，一般古民居是两厢一厅，但这里却以采取三厢一厅的平面布局而显示了自身的特点。

大楼设有连贯整体起居空间的前廊和内环廊，廊沿用的承重结构材料是工字钢。前廊上装有百叶窗，用以遮挡风沙和太阳。内环廊的廊沿上则设置了雕花铁质钩栏，这在当时也是很豪华的装饰。

正大厅曾是供奉祖先牌位的地方。站在大厅前，一排双层月洞落地罩吸引了我们的视线，只见灰黑色的罩木上雕缕着精美的花草和龙纹。据了解，落地罩用的是进口红木，这种双罩装饰在闽南民居中并不多见。大厅后部建有花岗岩双旋梯，从这里上楼，不仅隐蔽，在设计上又极富艺术性和实用性，是棣萼楼的又一价值所在。四合院正中的天井空间宽敞明亮，陈家后人告诉我们，当时每逢农事季节，或有德高望重的老人做寿过生日，就在这里临时搭建戏台唱戏，而当初楼房如此布局据说有看戏的考虑，戏曲活动在当时不仅是闲暇的娱乐，也承担了庆典、交际，融洽乡里关系的作用。召集戏台早过眼烟云，但铺地的长条形石板上至今仍留下当年用来搭建戏台的小凿孔，让人不禁遐想当时锣鼓喧天、宾朋盈座、充满了乡土生活气息的热闹景象。

莲塘莲花洲　尽显清雅风韵

　　莲塘的创建人陈炳猷，少年时即远涉重洋到西贡经商。据其家族史记，发展到拥有十大碾米厂，厂名有万顺安、万德源、万裕源等，获利甚丰，携资回乡，由其长子陈其德主持筹建莲塘社，计有莲塘别墅一座，三落二护厝大屋一座，陈氏家庙一座。别墅中有中心花园，莲塘社四面环水。1906年丙午清光绪三十二年建成，家庙于1907年建成。落成后，陈炳猷一家由祖居地侯塘社（现即青礁村）迁移来定居。

　　与棣萼楼不同的是，莲花洲上则是另一番清雅风韵，其设计之精巧，颇得江南园林之旨趣。莲花洲本是河流中的一个小洲，中有一石莲蓬，房边有二三块石莲瓣，故得名。工匠巧妙地利用石莲蓬砌上假山一座，假山上植古榕相抱，假山上洞洞相连，上下处绿苔侵阶寒，另有小拱桥一座，曲廊回折处，伫立一六角凉亭，踞于水池之上。据说从前池中碧水淙淙，芙蓉争妍，池边遍植各式花木，成为中心花园。每至夏日，如此阴凉清雅，微风过处，素馨幽远。

　　三落二护厝的大屋如今仍是陈氏家族的居所，这是典型的闽南三落二护厝宅院，虽历百年风雨，仍保留完整，尤其是墙壁上的砖雕，一幅幅栩栩如生，堪称精品。有趣的是，陈氏家宅的天井中，也有一座戏台，与一间厅堂相连。据

巨幅砖雕（郑宪）

石雕洋人（郑宪）

说演出时,演员可以在里面换装休息。从前戏台上有翘檐凉亭,可以遮风挡雨,惜已毁。戏台左右两侧各有一座小凉亭,是从前上宾看戏的地方,今侥幸存其一。住在这里的老人告诉我们,因为陈氏先人有人在北方做过官,这里是仿照北方戏台的样式加以改造而建的。他还记得小时候家里常请上海等地的戏班来演戏,乡里乡亲也来凑热闹,两侧的凉亭坐满了人,连四下的回廊也站满了人。那时候好像刚开始正音戏多一点,后来也有高甲戏了。

穿过几道回廊,推开一扇厚重的门,这里是陈氏家庙。在传统的中国社会,血缘、地缘顽强地维系着族群内部的团结与协作,即便是远在异邦,乡人相逢,一个姓氏,一口乡音,平平仄仄中,浓浓的乡情便一点点弥溢开来,古厝、醇香隽永的功夫茶,交织成一幅深深浅浅的故乡图景。陈氏家庙名曰宛在堂,门联上书:"洲号莲花堂名宛在,乡连柯井山插大观。"抗战期间,海沧沧江小学被日机轰炸,莲塘别墅及陈氏家庙免费提供作教室及宿舍。临解放时,1949年,三都归侨及地方人士创三都中学。解放后,1950年,人民政府接管后,改为海澄中学分校。至1956年新校舍建成后,才搬出去新校舍上课,期间都是免费提供办学。

莲花洲四面环水,进出口只有一条路,从前用吊桥,现在是一道水泥石桥。

莲塘别墅的观戏亭(白桦)　　　　莲塘别墅的后花园(白桦)

令人痛心的破坏

可是无论是芦塘,还是莲塘,目前都面临着严重的危机。尽管在设计上展现了独具匠心的风格和气派,然而在时光流逝中,大部分承重梁已不堪重负。有关人士认为,对于有价值的文化遗存的作践,人为的破坏并不亚于大自然的因素。当我们今天看到这幢卓然特立的楼房时,不仅楼层上原有的工字钢和铁花钩栏被拆下,污迹斑斑的墙面上也有涂满了文化革命期间的标语口号。如今前廊的廊沿改砌了红砖栏杆,内环廊则全部换上木栅栏。虽然当年建楼时对于院落的防盗设施设想得很周全,楼层上下都装配了双层防盗门,门边还开了枪眼,但这些设施至今早已荡然无存。第二层楼内曾有过好几幅墨地金画,用金片拼贴上去的图案令人叹为观止,但这些清代的工艺装饰如今也有一部分被盗走了。

不过人为的破坏已是既成事实,现在摆在人们眼前的最大的隐患是房子已经年久失修,再不修缮保护便会面临倒塌的危险。站在天井庭院里,还能清楚地看到二层大厅的大部分承重梁已因朽旧不堪重负而弯曲变形,房子一旦塌落,后果不堪设想。尽管目前已经采取加砌砖柱的办法来勉强予以维持,但这种措施不仅破坏了古建筑的原有风貌,而且绝非是长久之计。在建筑结构中,石库门铁栏杆,承重工字钢,窗栏铁构件的锈蚀现象也令人担忧。由于铁蚀所引起的膨胀往往造成衔接部位砖石砌体的断裂移位,从而破坏了建筑物结构的整体性。此外,我们还看到,建筑物正立面两旁的石窗本来很牢固,但因历时太久,维护不够,朽坏的程度几乎达到可以甩手推开。屋顶原有"双龙抢珠"的造型装饰,如今东侧的龙尾已经在台风中被吹落,部分屋顶上还有长出了杂草;前厅的木拱门的下半部分已经腐烂,乃至在整体形象上变得残缺不全。石库门上原先均标有房名,现在也已经无踪可寻了。

而"宛在水中央"的莲花洲,如今已是今非昔比。四周的荷塘仅余一二处浅浅的小水塘,浊黄、死寂,唯有莲塘别墅门柱上那副对联强留住往昔的记忆:"莲不染尘君子比德,塘以鉴景学士知方。"

出洋通番古新垵

小河漾来一方富

新垵系海沧辖内，位于厦门西港马銮湾西南侧，新垵行政村有四个自然村，许厝、林东、新垵、惠佐。走进新垵，可看到许多古代河道从村中穿过。这幅古画，是新垵古民居里的壁画，老主人把它称为"番船图"，说他们的祖上就是与"番仔"（洋人）做生意的。

我们相信，这画面就是当年新垵人与海洋密切联系的写照。画面里还有许多信息可以让您品味。其实新垵人走出海洋的历史可追溯到很早，据《同安县志》载：元末明初同安仁盛乡安仁里新垵村邱毛德等人渡洋"通番"经商，明嘉靖、万历年间，邱姓族人又往吕宋（菲律宾）、安南（越南）、新加坡、缅甸等地谋生、创业，特殊的地理位置使这里成为历史上的一处远洋运输业者、海上贸易业者和海外创业者的聚居地。

我们站在古河道边细听"农民哥"出身、现任新村党支部书记邱清镇先生的叙述：古代新垵各村几乎都有河道相通，中河、边河、顶角河，河河相连，内通霞阳，外通大海。

新垵、霞阳（新垵与霞阳毗邻，民间常通称新霞阳）的先辈们，因海沧的地理位置，又有通向大海的河流，尽得舟楫之便，纷纷出洋谋生、创业，许多创业有成者又利用与大海相通河道运来国内外各种优质建材，纷

海天情愫

纷营建华屋，以至新垵、霞阳之富遐迩闻名，留存至今的大量高质量红砖古民居，就是那段历史的遗存。

兼容博取说风采

在新垵惠佐河岸边，有座美轮美奂的庆寿堂，犹如一位握瑾怀瑜而又虚怀若谷的长者，隐匿在古河道边。

庆寿堂为清代辞官经商的邱得魏所建，占地约3亩，可谓是当地民居中的代表。走进大宅，首先跃入眼帘的不是恢宏的主体建筑，而是一厢幽静的书房，匾曰"观圃"。建筑布局上，主人显然扬弃了使用屏风障景的传统方式，代之以书房，既别致又富于情趣。登门入室之前，先在书房前澄净一下心境，确实独具慧心。

绕过书房，面前豁然开朗，正房恢宏的气势蓦地呈现在眼前。门框是打磨光滑的白花岗岩，周围配有青石雕祥兽，虽历百年风雨，但那些雕琢的人物神兽至今仍栩栩如生。古宅渐进渐深，各种雕琢精美的饰件和诗画书法的镶嵌，令人越来越觉得目不暇接。中堂前精美的大型天弯罩雕刻，更令人眼界大开，它以百鸟为主题，精细到连羽毛都有一种逼真的感觉。仔细观察，这雕刻当中竟出现了白鹭！可见当时的艺术作品表现了鲜明的地方特色。偶尔发现画屏上镌刻着《爱莲说》的佳句："出污泥而不染，濯清涟而不妖。"猛抬头，墙上一副别致的壁画，画面上是洋船和帆船在

新垵古厝傍水边（许丹）

古民居上的"通番图"（郑宪）

海面上进行贸易的"通番贸易图"，这是百年前马銮湾人出洋通番的真实写照，可谓是古宅壁画中的珍品。好气派的大门，两扇大门的门扇各高约3米，宽近1米，厚约8厘米。主人见我们感到惊奇，开玩笑地说，如能把门扇抬离户枢分毫，这大门就相送了。但任你使尽力气，休想把门扇抬起分毫。主人道出了"玄机"，做门扇的材料是南洋的贵重木材，其质如铁，遇火不燃，虽使用了百余年，坚实如初。这门扇少说也有千斤重，你们如何抬得动。邱书记告诉我们，当年许多事业有成的新人，就像邱得魏一样，纷纷回来营建华屋，如当年厦门万记行主人邱明昶故居，南洋永裕行邱永裕故居，盐米大王邱新样故居，祥露庄银安故居。在越南经营橡胶发财的邱振祥故居和航海家邱忠波故居，为我国进入联合国奔走出力的邱汉平故居，及实业家陈献猷故居，各有风格，不胜枚举。而尤其值得一提的是，走出海洋的新垵、霞阳人不仅在经济上有所成就，有的在文化上也颇有建树，如从新垵走出的南侨诗宗丘菽园、作家马寒冰，从霞阳走出的辛亥时期领袖人物杨衢云等。

古村蕴写新篇章

新垵历史上曾为同安县、海澄县的辖地。新垵一带的土地里，蕴藏了丰富的高岭土（制造瓷器的原料），因此远在唐代，这里的制瓷业就颇具规模，许厝、惠佐、祥露都有唐代窑址发现。近年来，厦门城市建设的步伐，已走到新垵、霞阳，这里的农业社会形态已彻底改变，许多人从农业转向了工业、商业。尽管新阳的许多河道已经封闭不再流淌，海岸已经向前延伸了许多，古厝已少人居住，但海沧投资区仍规划：疏浚水系，让活水再入古村，让新阳古民居保护区内恢复河水波澜、商阜古渡的风貌，让先人们留下的堪称瑰宝的红砖民居和富有文化价值的人文景观，成为现代化的厦门海湾型城市的历史文化、艺术的亮点。

海外亲缘

解放前,新垵人移居海外的多达一万余人,移居的地点有马来西亚、缅甸、越南、新加坡等,几乎遍及东南亚各地,现代较为知名的有孙中山的第二任夫人陈翠芳,还有缅甸的大盐商和大米商邱新样。现在海外的新垵人有几万人,他们为海外当地的建设做出贡献,同时很多人也不忘家乡,返乡投资,在自己的故土上留下足迹。新垵史是一部厦门海外移民的开拓史、兴旺史,新垵村这个渔村有着很深的文化积淀,郑成功当年就屯兵于此。

许多新垵人移居海外,在海外干出一番事业后回来建设家乡,繁荣家乡,这是新垵村的开拓期。当时姓邱的人之间不能互相通婚,后来这条规定被慢慢地打破了。近代,特别是解放战争时,新人参加革命,组建了闽中、闽西游击队等地下组织,进行革命活动。

当代,新垵重视发展实业,商业不断兴旺,一些企业正蓬勃发展。新垵村的邱氏家族较为强大,历史上为了保卫家族,邱家从泉州请来了有名的武术师傅沈荣德,此人汇集五种拳术的精华,自创了南少林五祖拳。现在新村人仍多习此拳,起到了很好的强身健骨作用。新垵人多次参加全国、全省武术比赛并获好成绩。在村中,有多个武术团体。最近,新垵小学就新组建了一支武术队。

在新垵村行政区内,有一坐悠久历史的正顺宫。正顺宫所供奉的是东晋淝水之战的谢安,传说他能保佑打胜仗,赚大钱,集战神、财神于一身。它还曾有过军的活动。据说历史上小刀会把正顺宫作为活动的地点,对面的蒸笼盖山就是小刀会演练操习的地方,当时小刀会的足迹到达东南亚,他们在马来西亚的龙山潭也建了一个正顺宫。在解放战争时期,这里又是闽中、闽西游击队的一个根据地,是当时地下活动的重要场所。

历史上正顺宫前即是海岸,但现在海岸线已往前延伸了许多,成了一大片建设用地,正规划建成正顺交易大市场。而正顺宫将被保护起来,经过修葺的正顺宫"修旧如旧,古香古色",走入其中,你会为它的石雕、木雕所吸引、惊叹。

马巷窗东：洪晓春故里

2007年秋，洪卜仁老先生、马巷窗东洪氏宗亲向我们透露，海峡两岸六桂堂宗亲会已确定在窗东举办，这是窗东自海峡两岸六桂堂宗亲会成立近百年来的首次主办。窗东是厦门商业名人洪晓春的故里，这次两岸宗亲将在此聚会，不仅是窗东洪氏宗亲的一项殊荣，也为两岸亲情血脉的延续再次注入新的血液生机。我们作为《厦门日报》的记者特地走访窗东，先期领略一番浓厚的六桂文化情韵。

六桂飘香：窗东首当"东道主"

窗东村地处厦门市翔安区马巷镇，是有千年历史的古村，民风淳朴，走进村中可见到很多建筑还保留着闽南风情特色。我们一行人一路寻访，终于找到了熟知本村历史的几位长老。洪氏宗亲洪天乞先生首先向我们介绍起同安洪氏的源流与分衍情况，他拿出洪氏族谱告诉我们，窗东洪氏的族号为"嶝山"，同安嶝山支派共分窗东、蔡埔和后莲三个支派，始祖叫做洪皎，北宋政和五年进士。生二子洪进、洪道，次子洪道于绍兴中期（1140年）隐居同安小嶝屿后头堡，创嶝山分堂号。

洪先生接着介绍说，洪氏是六桂堂（洪、江、翁、方、龚、汪）姓氏之一，历来存在着一项特殊的民俗形式，即六桂堂宗亲会的举行要由大宗来"问"祖先其每年的主办权归谁，"问"的方式是按"圣筊"的多少来决定，得到最多的即拥有其主办权，能得到这份权利代表着无上的荣耀。自

海天情愫

海峡两岸六桂堂成立以来，从来没有一次是在窗东举办的，因此这次决定由窗东来举办，是窗东洪氏宗亲的一件盛事。为了能办好这次盛会，洪氏宗亲们已经开了13次筹备会，5次外促会，乡亲们更是重视，年逾古稀的洪水渺老人说，他年纪已经这么大了，却从未亲历过由窗东主办的宗亲会，现在终于在有生之年能承办一次，机会难得，也算了了自己的一桩夙愿了。届时，窗东将邀请漳州、泉州、厦门、金门、台湾以及海外各地的六桂堂宗亲来参与，人数在两千人以上，力争办成一场盛况空前的盛会。

亲情延续：洪氏遍及五湖四海

窗东是个临海的村庄，历史上海上交通十分发达，很多过台湾、下南洋的洪氏宗亲都是从这里出发的，因此窗东与台湾、南洋的洪氏华侨关系来往十分密切。

据资料载，称嶝山洪氏后来分衍"下三洪"窗东、蔡埔、后莲及金门的烈屿，有一房迁漳浦、诏安、台湾等地。经过数百年的繁衍和发展，到

洪晓春故里（志明）

目前为止，在同安马巷的窗东、蔡埔、后莲三个村落的嶝山宗支洪氏后裔已达到7000多人。因为距海较近，出洋十分方便，其中较多播迁台湾。根据资料显示，大概在清代中期，三村就开始有宗亲移居台湾彰化的二林、芳苑等地。有的宗亲则移居美国、日本、越南、菲律宾、加拿大、泰国、印尼、新加坡、马来西亚等地。而我国的台湾、香港地区分布尤其广泛。

洪天乞先生说，台湾与厦门一水之隔，一脉血亲。由于历史原因，同安马巷的嶝山族人与海外的嶝山族人失去了联系。20世纪80年代之后，台湾宗亲最早前来寻根。紧接着海外宗亲也逐渐与祖籍地建立联系，就拿这次海峡两岸六桂堂宗亲会的举办来说，此次宗亲会的举办得到了海峡两岸洪氏宗亲的广泛响应，届时台湾将组两个团回来窗东，两岸的深情血脉将再次得到延续与交融。

商业巨子：洪晓春创设六桂堂

说到窗东，说到六桂堂，都不得不提起一个人，那就是从窗东走出去的商业巨子洪晓春。洪晓春，名鸿儒，号悔庵，字晓春，生于马巷窗东，前清举人，闽南著名爱国人士，厦门工商界的杰出人物。从清末到抗战爆发，历任厦门市商会总理、会长、主席，对厦门市工商、市政、教育、慈善事业，均做出过重大贡献。1938年5月厦门沦陷后，日本侵略者三番五

洪晓春创办的窗东小学（白桦）　　　　洪晓春书房里的书法（李斯蓂）

次威逼利诱他出任伪厦门市维持会会长，他严词拒绝，避居南洋。被日寇逮捕，仍坚持民族大义，坚贞不屈，在日寇逼其所写的悔过书上，大无畏地写下"无过可悔"四字。

洪晓春是从窗东走出去的，但他功成名就不忘回报家乡，刚才我们进村经过的窗东小学就是由他出资于民国十年（1921年）兴建，并捐建了窗东埭，用海堤围起来200多亩海域，改造成可种粮食的田地，至今这块田地仍在作为养殖场使用。抗战胜利后，洪晓春号召组建六桂堂，把家乡本地、闽南地区及台湾的六姓宗亲组织起来，成立六桂堂机构，其旨在团结互助，排忧解难，兴办公益事业，造福社会。

窗东洪氏是六桂堂组成部分之一，海峡两岸六桂堂宗亲会由窗东来举办，对窗东洪氏宗亲来说既是件大事，也是件幸事。血缘是任何事物都无法割断的，组织的形式并不重要，我们的目的是希望能通过两岸宗亲不断地联系交往，可以继续凝聚亲情，增添新鲜血液，让我们的一脉血亲能够永远地延续下去。

洪晓春真迹（洪卜仁）

"山顶头"的华侨创业史

2006年，洪卜仁老先生和摄影师白桦前往越南考察厦门华侨史，受越南华侨界的嘱托，寻找一位历史上曾经在越南为侨界作出重要贡献，有着很高声望的厦门籍华侨陈允济。回厦门后，凭借丰富的经验，洪先生很快核实了这位名扬越南侨界的陈允济先生故里就在现在的翔安马巷山顶头村，我们和专家走进古村，找到了陈允济的故居，有了许多可贵的发现。

洪卜仁先生（右二）到越南与侨界考证华侨史实（白

古村傍海，南洋创业有渊源

出厦门大桥，沿海湾大道，经同安湾大桥，沿途我们沐浴着徐徐春风，把一路美景尽收眼底。美丽的同安湾大桥犹如一弯新月连接着厦门岛与翔安区，让原来遥远的路程，变得近在咫尺。现代交通发达，这段厦门与翔安的路程显得短暂而又快捷。由此我们不禁联想起当年华侨下南洋创业曾走过的这一段路又是怎样的呢？

山顶头村，就在同安湾边上，毗邻着古港唐厝港（又称塘厝港），站

海天情愫

在村口可以眺望同安湾大桥。进入村中，村民们热情好客，有种"故人具鸡黍，邀我至田家"的亲切感。当我们提到华侨时，他们兴致勃勃地告诉我们，历史上村子里几乎每家都有远下南洋的亲人，这让我们感到奇怪，为何整个村庄都有这个风尚？原来这里临近海边，当时同安湾的海水涨潮时经常可以蔓延到村口的古榕树下。但土地并不肥沃，村民贫困。于是有志之士都想去海外创业，从唐厝港乘船到厦门，再从厦门扬帆下南洋。厦门是下南洋必需的中转站。到南洋创业打拼，成了这里许多人的梦想及脱贫致富首选。

当时山顶头村民下南洋的首选地是越南，之所以选择越南，主要是因为越南水路便利，且盛产大米，民以食为天，对于当时以水稻为主产业的村民们来说，去越南无疑是上佳之选。而且村里早已有人在越南创业，出门一家亲，同宗同祖，置身异国，互相照应，互帮互助已经成了优良传统。

山顶头村还有个约定俗成的风俗，华侨事业有成后则回乡娶妻生子，把老婆、长子留在家里，把次子带出去，长期在外漂泊，对老家不离不弃，不管在外怎样都定期寄钱回来。

山顶头陈允济故居（白桦）

提起陈允济，村里几乎无人不晓，据老辈人讲，陈允济，又名陈玉济，当地人又称他"番济"，生活在清末民初（1855—1921年），是山顶头村华侨的人杰，当年号称"同安出南门桥首富"。他富而不骄，造福乡里是有口皆碑的。

少小离家，立足番邦怀故土

年少的陈允济和大多数农村孩子一样，家庭困苦，只读过几年私塾，可是他胸怀大志，不甘苟且度日。那年又遇荒年，一日他在海边看见村里许多人正准备登船下南洋，陈允济当下决定跟他们一同上船。据说他连家也没来得及回就跟着村里人踏上了下南洋的征途。

陈允济到了越南南部的永隆，异乡飘零，其艰难困苦自不待言，但凭借着华人吃苦耐劳、勤俭节约的本色，加之他平日诚信厚道、敢作敢当的正义之气，逐渐受到大家的拥戴。有一年，越南永隆一位庄园主新收成的稻谷，堆积成山，来不及收藏却突降暴雨，转而淫雨霏霏十数日，竟使谷子长出了幼芽，几日间，黄澄澄的新谷变作绿油油的嫩芽。主人见此景，只好将这批稻谷低价转让，以期减少损失。尽管价格低廉许多商人并不敢购买，但是陈允济却富有魄力，接下这笔买卖。搬运中，却惊喜地发现，冒芽的仅仅只是表层上的稻谷，而底下多数照旧是金灿灿的谷粒。由此开设了谷米经营店铺，后来生意越做越大，发展成为富甲一方的巨商。他在越南永隆扩建了福建公所，接济初到越南的同乡，并且在永隆出资修建供奉关帝的永安宫，缓解侨胞们的思乡之情。此次洪卜仁先生一行到越南，看到至今这座关帝庙保存完好，庙内的匾额和古钟上还镌刻着陈允济的名字。漂泊的游子心系故土，家乡虽贫穷落后，依然是养育的故土。

事业有成的陈允济时时念挂故里，还出资在家中开办私塾，以便村里的孩子们可以读书识字。他虽读书不多，然深知知识的重要。有一位外亲郭国泰那年才八九岁，家中穷困，值钱之物只有一头耕牛，其父本想把这头牛作为家产传给他，让他从小放牛，日后务农。不料那年陈允济回乡探亲，劝他父亲让郭国泰到他办的私塾学习，没想到他这一劝说，改变了郭国泰一生的命运。郭国泰聪明好学，认真刻苦。几年后他到了新加坡，事业有成之后，感佩陈允济对教育的重视，出资在马巷后仓兴办了国泰小学，可以说陈允济的精神在他身上得到弘扬。

逢年过节，陈允济还出资在村里搭建戏台，让乡亲们过足戏瘾。对于

贫困的家庭，每人还发几块银元，以便让他们过个好年。有些村民因欠租欠债，蒙受不白之冤，他常出手相助，他的种种善行已在村中传为佳话。

美德是可以传承的。陈允济的长女生长在越南，他时常教导自己的儿女做人不能忘本，不能忘记家乡，逢年过节总叫儿女回乡看看。陈允济的长女当时可贵为千金小姐，乘船从越南返乡，不料途中该船在同安湾附近触礁沉没。当时船上还有不少越南华侨子弟，一片慌乱之后，大家发现水中还有四位小孩，当时水大浪急，波涛汹涌，大家都不敢轻举妄动。在这千钧一发之际，只见一个倩影纵身跳入海中，裹着三寸金莲的她，却有一身好水性，在风浪中救起几位落水者。这件事在当时引起强烈反响，当时许多国内和越南的媒体对此作过报道，直至现在在越南也传为佳话，盛赞这位中国小姐英勇无畏的气度。

陈允济故居里的越南风景画（白桦）

衣锦还乡，红砖大厝诉心声

"胡马依北风，越鸟朝南枝。"暮年的陈允济向往着落叶归根，于是回乡择风水宝地，建造宅院回乡安度晚年。自1914年开始，历时三年，建造了两座富丽堂皇的大厝。虽时光飞逝，斗转星移，这两座老屋仍美轮美奂，蔚为大观：中西合璧的建筑构思，鲜艳华丽的门面水车堵，古朴庄重的泉州白石刻，典雅别致的砖雕，栩栩如生的木雕，神采奕奕的图绘及书香扑鼻的楹联，再加之描彩漆金，巧妙绝伦，令人目不暇接。

远远望去，鳞鳞红瓦，规模宏大，与村边青山绿水相映成趣。我们首先来到靠近村口的一座，推门而进，我们被四周金碧辉煌的图绘惊呆了，正门两侧彩绘环绕，虽历经百年，依然艳丽如初。走进正屋，屋顶上方栩栩如生的木雕抬头可见，两边雕刻相互辉映，一边是背起行囊远下南洋，

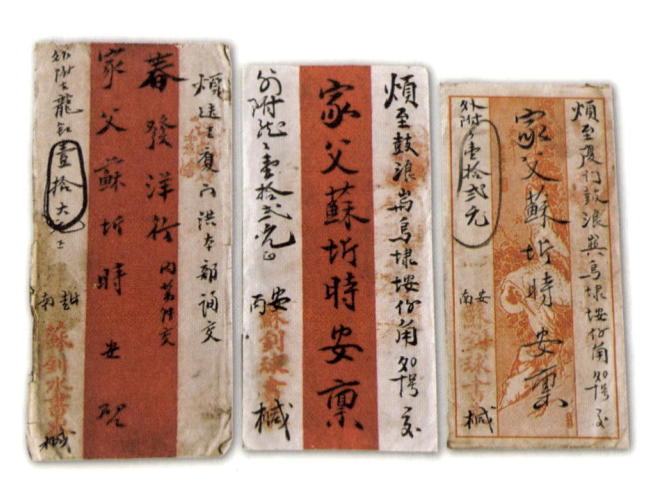

越南华侨寄回厦门的信笺（白桦）

流露出对家乡依依不舍；一边是敲锣打鼓衣锦还乡，好像在诉说着南洋华侨们的心里话。门柱两边刻着对联，字迹刚劲有力，可惜个别字迹已经无法看清楚，但仍读出其大意：创业艰辛子孙应理解，游子思乡牵挂是故里。屋内上方还刻着好像是古代一些诗人的雕像，看其神情有的举头遥望、有的屏息沉思、有的举杯相邀，使得整个房间古色古香。两侧门楣上各雕刻着一幅画，一边是中国传统建筑，一边却是西洋风韵。厢房一列，就是当年的私塾。我们走进去时仿佛还能聆听当时琅琅读书声，美妙至极。

当我们还沉醉在此情此景之中时，已经被带到另外一座古屋面前，红砖墙上，镶着南洋瓷砖。据说这里的瓷砖全是从南洋运回来的，至今仍光彩照人。瓷砖的外围环绕着具有中国传统特色的玫瑰、牡丹等花卉，精美绝伦。据陈允济后人告诉我们，以前这里还摆设着许多从南洋带回的陈列品。我们站在廊檐下，仍可想象当时大户人家的人流川动。

据陈允济的裔孙陈珍玲小姐告诉我们，最近发现了由陈培锟为陈允济撰写的墓志铭，盛赞陈允济对侨界的贡献，对家乡的热爱。陈培锟是前清翰林学士，民国初的厦门道尹、解放后的福建省文史研究馆首任馆长，是一位文化名人，能为其撰写长篇的墓志铭，可见当时陈允济的影响非同一般。而且在他的墓碑上的文字还用中英文撰写，这是极为少见的。

走出山顶头村我们心潮澎湃，洪卜仁先生说，这趟发现之旅很有意义，许多发现可以补史料之不足，陈允济的创业辉煌和对故土的眷恋，可以说是华侨爱国爱乡的一个缩影。时至今日，我们依然可以感觉到他们为了家乡，为了祖国备尝生活之艰辛，在异乡披荆斩棘。他们辛勤打拼不忘故土，他们衣锦还乡，回报家乡，他们的故事就是一部可歌可泣的华侨血汗史！

海天情愫

洪晓春与陈允济家有交谊

近日陈允济的裔孙陈珍玲女士再次向我们披露陈允济儿子陈剑秋与原厦门商会会长洪晓春之间一段鲜为人知的故事。洪晓春是前清举人，与陈允济是马巷同乡，闽南著名的爱国人士，厦门工商界的杰出人物。陈允济过世后，洪晓春仍与其子陈剑秋交往密切。抗战期间厦门沦陷，充满正义感的洪晓春被日军威胁，选择避难越南。在越南，陈剑秋与越南侨界为洪晓春提供很好的避难场所，洪晓春在越南避难两年，与陈剑秋及其家人都结下了深厚的友谊。

当时厦门被日寇侵占沦陷而同安没有沦陷。陈剑秋非常挂念乡亲父老，于是回乡探望，他从越南乘船回来，经过厦门时，几个日本兵拦住码头，对旅客强行搜身检查，并将他扣留下来，逼问其身份来路。日寇得知他认识洪晓春，就对他施以酷刑。当时厦门侨界极力营救，从监狱中把他"保"了出来，陈剑秋已遍体鳞伤，几天之后就含恨而死。

另外，读者白桦先生则向我们提供了一件颇有历史意义的邮品，这是一封民国初年越南华侨寄回厦门的一封信件，据说拥有信件的苏家，当年曾是洪晓春任商会会长时的会员。该信笺是厦门出品的，印有"宝成纸行"的字样，可见是当时华侨把信笺带到越南，又寄回了厦门。

见证唐厝港沧桑的"安记"老屋

唐厝港历史上是马巷与厦门岛重要的交通水路，也是当年华侨到南洋的必经之路，在很长一段历史时期内，它与马巷的经济发展息息相关。唐厝港是马巷的古码头，如今码头的对岸正对着一座雄伟的跨海大桥，便是刚刚落成的同安湾大桥。

在唐厝港古码头的岸边，有条约百米的古街。古街上紧挨着十来家住户，这些住房有的已被重新翻修过，但有两三座住房依旧保持着原有风貌，残存着它古时的韵味。我们走进了其中一家老屋中，厅里正中央摆放着闽南特色的案台，地面上斑驳陆离的红砖立刻揭示了这座老屋所经历的历史沧桑。屋主陈珍钦老人热情地接待了我们，他将脑海中的记忆向我们娓娓道来，在我们眼前呈现了一幅幅唐厝港今昔发展的图片。

陈老先生说，由于唐厝港昔日的兴盛，这条古街上的房子曾经都是账房、典当行等店面，并不是纯粹的民居。他从小出生于此，一直都居住在这座祖上留下来的老屋中。这座老屋是当年的账房，它正对着唐厝港码头。原先陈老先生的爷爷经营了一家公司，店号名叫"全春"，后来祖屋传到了父亲这代，店号改名为"安记"，父亲做了"安记"账房的掌柜。

所以可以说这间伫立于码头岸边的老栈房，默默地阅尽了唐厝港的百年浮华。

在老栈房，我们见到了一张当年掌柜做账用的木桌，桌面的左下方还依旧可见当年投入钱币的小孔，当时一枚枚银元就是顺着这个钱孔，哗啦啦的进入下方的抽屉中的。虽然木桌的木色已经褪尽，蒙上了厚厚的灰尘，但是它仍然足以令人联想当年账房记账的场面。

穿过厅堂，走向老房的里屋，陈老先生告诉我们，里屋是当年存放货物的仓库，由于老房靠海，地面比较容易受潮，为了保持货物干燥，就在仓库的地面上铺了层木板防潮，不过现在那层木板已经不在了。里屋的中间有面白墙，陈老先生说那是后来才建的，将原来的仓库隔成小房间。

现在陈老先生就住在这堵白墙隔成的一间小房中，在这间房里，我们发现了好多带有舶来成分的古家具，如精雕细刻的木质古床，雕有精美花纹的衣橱，以及一个具有南洋特色的梳妆台，对镜照面，我们似乎回到了那个古码头的时代。陈老先生向我们说道，这些家具都是从南洋运回来的，门前的古码头就是当年家具的卸载地。当时包括大米、建筑材料（当地人称为"红料"），如瓦片、地板砖、石料等，都是通过水运船载至唐厝港古码头的。

走出老房子，我们发现了房顶别样的特色所在——枪楼。陈老先生告诉我们，这样带有枪眼的枪楼，在当年这条街上的老房顶随处可见。由于当时出海下南洋的村民很多，因此村庄也日渐富庶起来。为了防止贼人来临，各家就在房顶建起了枪楼，用以防御土匪贼寇。我们的来访，勾起了陈老先生的许多回忆，他说他的许多世交、老朋友如今都已搬到了厦门岛内的前埔一带，只有他还在原地，守望着这片伴他成长的老码头。

枪楼（白桦）　　　　　　　　唐厝港（白桦）

大嶝岛上的"金门县"

抗战爆发,金门岛先于厦门岛沦陷,金门县政府在硝烟中迁往大嶝岛,在大嶝岛上继续坚持抗战。时间过去了60多年,我们走进大嶝岛的金门县政府旧址,寻访这一段尚未消散的历史记忆。

金门沦陷 县府内迁

1937年10月26日,金门沦陷,金门县政府内迁至大嶝岛,在这里坚持抗战,直至1945年抗战最终取得胜利。

我们寻访了当年的金门县政府旧址,这些旧址都在大嶝岛的田村。当时大嶝是金门县的一个乡,金门岛沦陷后,金门县政府迁到大嶝,民居无法容纳整个政府机构,县政府按机构分散至好几幢房屋办公,因此今天会有四座当年的金门县政府旧址。

在这四幢房子中,现由郑德政老人住的大厝是当时最重要的一幢,当时的金门县政府的主要机构都置身于此。

大嶝的港湾,这里可以眺望金门(郑宪)

今天，老人回忆起当年他们办公的情景还历历在目。他们以大厅为"办公室"，中间摆放一长溜的桌子，每张桌子上放置一张小牌，注明机构名称和办公人员的名字。老人当时年纪尚小，还曾在他们的"办公室"里嬉戏玩耍。他还记得当时县政府的办公室里最经常处理的事是一些抗日的公务和地方治安问题，如对土匪和小偷等坏人的审判。金门县政府迁移至大嶝岛后，政府职能并没有完全丧失，政府机构运转正常，从而保证了他们能在抗战的前沿坚持抗战和管理国土。为了管理方便，县政府在岛上每一幢房子上都钉上门牌，德政老人拿出字迹已经褪色的门牌告诉我们，金门县政府就在这几幢房子中坚持抗战时的工作。同时这几幢房子本身也是大嶝岛历史的见证。现在金门和厦门的有关人士提出建议，要保护好大嶝岛上的金门县政府旧址，把它作为抗战和文史方面的纪念馆，这样将更突显它的意义。

同仇敌忾　保卫大嶝

　　大嶝与金门一衣带水，在战争年代，决非避风的港湾，日本侵略者侵占金门岛之后，仍时常进犯大嶝。当时金门县政府的官员和大嶝岛上的居民都身处十分危险的境地。本村的郑水国老人告诉我们，当时在海面上经常有日舰骚扰，天空中每天都有日机前来轰炸，而守军的装备相对日军显得落后。大嶝是否守得住，有些官员动摇了，想撤退到内地，于是召开了

金门旧址前听往事（郑宪）

一次军民大会，提出每位民众补给六个月的米粮。在当时来说，许多民众食不果腹，六个月的米粮可不是个小数字，这是很诱人的"一项优惠"，目的在于动员他们离开大嶝。尽管大敌当前，乡亲们却都不愿意抛弃自己的家园，一位七十多岁的老大爷拉着一个十来岁的小孙子，走到台前，强烈表示决不离开家园，宁愿饿死、战死，也要与大嶝共存亡。一位守军的军官更是慷慨激昂，当场表示守土是军人的天职，决不退让一寸土地，要坚持抗战到底。军民们同仇敌忾，终于守住了大嶝岛。

不畏强敌　抗战到底

在交谈中，许多乡亲对那段时间紧张而又危险的局势记忆犹新。村里的几位老人都亲眼见识过进犯的日舰。他们回忆起当时的情况说，日本侵略者是穷凶极恶的，每当日舰开向大嶝的岸边时，见到在田间干活的村民或者在海边捕捞的渔民，都会向他们射击或开炮，有时还会配合飞机突然来一次狂轰滥炸。每当这时，民众们都会迅速躲进防御工事里面，等炮火过后才从工事里出来。日子久了，他们也发现了日军打过来的炮很多是不会爆炸的，只有一个空壳，并无引信。德政老人在县政府，也就是他现在住的大厝里，还亲眼见到村民们捡回的炮弹。这些炮弹大多是六七十厘米长，里面没有弹药，因此全都是哑弹。深谙军事知识的郑先生认

打开历史的门扉（郑宪）

为，出现哑弹可能有两个原因，一是由于当时日军战线过长，军事装备和武器供给紧张，造成炮弹质量不过关；二是当时很多炮弹是在我国东北制造的，由于工人受到反战情绪的影响，很可能故意制造出打不响的炮弹。

德政老人说，当时日军的炮弹成为村民们的笑料，也鼓舞了大家必胜的信心。

大嶝岛"金门县"现存七处

我们来到大嶝岛，熟知这里情况的岛民张先生告诉我们，近一段时间来，许多金门、台湾的专家学者纷纷来到岛上的田村，前来探寻1937年"金门县"迁至大嶝岛的历史遗迹。

早期的大嶝岛，许多下南洋经商的华侨回到故乡建起了漂亮的房子，战事爆发后，这些华侨多数背井离乡，只留下空房在岛上。当时大嶝属金门县第七区，设嶝东乡、嶝西乡、小嶝乡。金门岛沦陷，当时的福建省政府令金门县政府驻大嶝，就近协助75师反攻被日军占据的金门，就借用这些房屋作为临时办公场所。期间八年，金门县长一职就历经了周秉彝、颜德桂等好几人。独座民居无法容纳整个办公机构，也由于战争的需要，"金门县"办公机构分散至好几座房屋办公，因此今天存有7座当年的"金门县"旧址（原有8座）。这几幢房子分别在该村的中心地带，相距约两三百米。村中的郑水国、郑德政等老人告诉我们，在郑氏宗祠附近的一座，由华侨兴建的双落红砖石壁脚大厝是当时的"金门县"主要办公场所。郑德政老人回忆起当年办公的情景还历历在目："金门县"以大厅为"办公室"，中间摆放一长溜的桌子，每张桌子上放置一张小牌，注明机构名称和办公人员的名字。

其他的几栋也都各尽其能，其中有一栋，民众把它称为"文书房"，专门用作公文的起草和发送之地。当时"金门县"的工作人员仍然用毛笔作为书写工具，老人说，那时他还是小孩，并不识字，经常到"文书房"看那些大人们起草文书，有

大嶝镇发现的日军炸弹（郑宪）

一天,有位年轻的文书还把他拉过来,教他识了几个字:"抗战保国,人人有责。"后来他也没有机会能够读书,但却对这个文书印象深刻,至今还记得这几个字如何写。

"金门县"遗迹亟待保护

我们在探寻中发现,历史上的八座曾作为金门县政府办公地点的古民居现在只存7座,其中几座仍有人住,除了一座像已经过维修,基本还算完好的外,但其他几座的屋内有些构件已经损坏。在那栋作为当年"金门县"主要办公场所的"荥阳流芳"老屋内,郑姓老人告诉我们,这座房子年久失修,前不久因遭遇台风,屋顶又损坏了不少,时常漏雨。另有一栋据说当年作为文书房的地方,之前门口还立有一块牌子,写着"金门县政府旧址"。由于各种原因,前不久已被屋主彻底拆掉,重新翻建了,"金门县政府旧址"的牌子也不见了踪影,令两岸专家学者不胜唏嘘。至于那些已经没有住人的旧址,我们在外面看到,有些梁柱已经腐朽,门窗紧闭,看起来已是岌岌可危。其实岛上的"鸽脚楼"特色古民居及"军门祖厝"、"郑氏宗庙"等也堪称亮点,特别是怎样对这些金门县的历史遗迹进行有效保护,已经是一个迫在眉睫的问题了。

金门县宗亲到田墘(张再勇)

同安朝元观

同安人过台湾下南洋的门户

　　始建于唐朝的同安朝元观，是台湾众多道观的祖观之一。来到在同安大同街道的朝元观，但见殿宇巍峨，气势不凡，正在举行热闹的庙会。一向热心乡土文化的颜立水先生向我们展示了一张清代康熙五十二年（1713年）刊刻的同安古城图。这张图上有个城门，上署"朝元门"，城门内又有一处建筑上署"朝元观"。从古地图上看，当时的朝元观就在同安城的朝元门外。颜先生说："当时的朝元门又称庆丰门，俗称小西门。古同安城形状很特殊，它形如银锭，故称银城。除了东西南北门之外，还多了这个朝元门。朝元门是同安与外界交通的要道，距朝元门一公里左右就是西溪。古代的西溪水深面宽，通向大海，可以行船。同安的许多土特产，大多是通过西溪运往金门、台湾的。因此朝元门是同安人走出同安沿溪出海的门户。明清之际，大量的同安人前往开拓台湾，或南下南洋。在离开故乡之际，都会到朝元观来进行朝拜，祈求平安，然后踏上过台湾下南洋之路。朝元观成了许多拓台同安人心目中故乡的象征，因此他们就把朝元观的香火也分炉到了台湾。前不久，同安朝元观被厦门市政府公布为"厦门市涉台文物古迹"。

海天情愫

千年道观厚载人文

我们在朝元观的门前看到了一副楹联:"境逼大罗天天庭伊迩,人登名胜地地脉钟灵。"好个仙家灵秀之地。朝元观管委会主任刘坤明先生带着我们来到了道观边的朝元亭,指着亭中的古石碑向我们介绍道,"这是朝元观现存的明代永乐碑记及嘉靖碑记。据永乐碑记云:'大同邑治之西郭,林壑蜿蜒,涧渚回荡,树木阴翳,苍翠凌层,神仙宅也。而朝元观在焉……相传七百余岁。'可见这个地方在早时山清水秀,自然风光迤逦,朝元观名甲一方。到永乐年间,朝元观已有七百多年的历史了,到现在则有1000多年的历史了。据此推断,这个道观应该开创于盛唐时代,比同安置县早200余年。如今,它仍是闽南地区规模最大的道教宫观之一"。

朝元观(林剑影)

刘主任还告诉我们，到了明末清初，朝元门、朝元观特殊的地理位置使其成为了兵家必争之地，曾有"三日归清，四日复明"的说法。清初，郑成功和施琅都曾把此地设为衙门，用以管理当地的百姓。明清以后，朝元观的盛名和香火更是远播我国的台湾以及东南亚一带。

朝元观不仅拥有久远而深厚的道教文化底蕴，更是海峡两岸文化交流的见证者。刘主任说，朝元观是众多道教圣地里极少数的"涉台文物古迹"之一。两岸同根，根在大陆，在台湾的很多道观中都有相关的记载，台湾很多道观的祖师爷就是同安的朝元观。朝元观从清末至"文革"时，几经战乱，残破不堪。近年，朝元观的修建，也受到许多台湾同胞的关注和倾情。

剪不断的两岸情缘

我们在道观的三清殿前见到一块记载两岸同胞共同重修朝元观的石碑。道观里的张天助老先生告诉我们这样一个故事，台湾有一个祖籍大陆、年逾古稀的彭吴招治老人，她说她曾梦到了一个荒芜的道观，到处杂草丛生，她将自己的梦境告诉了儿子叶庆堂、叶庆贤，并嘱咐他们一定要找到这个地方。彭吴招治的梦境也许是她儿时的印象。叶庆堂、叶庆贤为尽孝道，到永安、安溪、南安等地寻找，都没有找到母亲所描述的那座道观。最后他们抱着一丝侥幸的心理来到了同安，却意外地发现这里的朝元观与母亲所描述的道观

朝元观的玉皇殿（志明）

一模一样。叶庆堂、叶庆贤欣喜万分,并怀着崇敬的心情,三步一叩首地走进道观。

叶庆堂、叶庆贤回台之后,立即将这个消息告诉了母亲。彭吴招治得知后,亲自和叶庆堂来到同安朝元观,她说这就是自己魂牵梦绕的祖地印象,并带头捐款参与了重修朝元观。这件事就记载在两岸同胞共同重修朝元观的石碑上。后来叶庆堂在同安兴办了玉英木材有限公司,由文化寻源变成为投资办厂,一时传为佳话。在朝元观里,我们还看到台北同安同乡会的童祖文、台湾书法家陈仲修等人敬献的楹联,表达了对故里的深情。特别是台湾学者"台湾源流研究会"陈炎正教授在实地考察之后说,他多年来一直在研究台湾道教与祖国大陆源流关系。而同安的朝元观正是台湾道教文化的重要源头,真是"大道归一通两岸"。

"中左所"的古香炉

在朝元观采访中,发现了一件弥足珍贵的宝物——镌刻有"中左所"的石香炉。

我们发现它时,它正安安静静地躺在同安朝元观的院子里,石香炉整体属于长方体,造型十分古朴,炉身正中雕刻着一只象征吉祥和祈求子嗣的祥瑞麒麟。由于长期无人问津,在长年累月的风雨侵蚀下,炉身有些斑驳。随行的同安文史专家颜立水先生抓起旁边的草,俯身下去,随便一擦,赫然发现,上面麒麟图像的左右两侧竟明确地写着:"崇祯五年中左所信士阮时德祈求子孙昌盛。"短短两行字,却意义非凡,它直接把厦门与"中左所"的历史称谓联系了起来,成为"中左所"的有力实物证据。

有关人士分析，这方石香炉可能是当时厦门渔民为了祈求得到子嗣，或保佑子孙平安、昌盛而捐造，放置在朝元观。因为中国历来有"麒麟送子"的典故传说，把麒麟刻在香炉或一些器物的表面，代表了主人美好的愿望。据说厦门阮氏的祖先大部分都是渔民，明代厦门虽成为海防要塞，但经济上尚属草创，尚未完全开发，渔民以下海捕鱼为业谋生。因此这方石香炉不仅直接证明了厦门于明代曾被称作"中左所"的历史，也间接地向我们展示了一段明代厦门的开发史。

在朝元观内，还有另一件宝物——一座"双狮守炉"的三足石香炉。只见这座香炉古色古香，浑厚大气，两只狮子爬上炉沿，在浑厚中添上一丝活泼。这座香炉总高约50厘米，宽度有40厘米，据说朝元观肇建于唐代，至宋代的时候已相当兴盛，而且专家指出在宋代，同安的石雕艺术已达到相当高的水平，现存于梅山寺内的西桥塔，就可以管窥当时的石雕艺术的风采。而这座石香炉，经专家鉴定，认为是宋代的遗物，而且堪称珍品。由于它是可移动的物件，保存起来比建筑物更不容易，在道观里已流传千年，可算得上是镇观之宝。

三足石香炉（林剑影）

道观里新发现的中左所石香炉（白桦）

台湾邵氏的祖地柑岭村

在同安西山东麓的柑岭村古村落,因拥有饱含两岸血脉亲情的护山宫、白云岩而名气远播。祖国宝岛台湾的邵氏宗亲,为寻访这处祖地一波三折。

寻访祖地一波三折

西山在同安古城西侧约5公里处,一峰独秀,屏护着千年古城同安。初踏西山,钟灵毓秀的自然风光直冲我们的视觉神经。顺着蜿蜒的盘山公路曲折而上,道路两旁郁郁葱葱,怪石林立,渐上西山,只见海平面离我们越来越远,在九转十八弯后,护山宫的牌匾赫然浮现于眼前。

山上白云岩寺,则松涛阵阵,气象万千,极目远眺,海天一色,尽收眼底,云雾缭绕间,台湾同胞们走进这处魂牵梦绕的祖地。

护山宫里,供奉着护国尊王神像。在山上,我们见到了一行28人的台湾邵氏宗亲和台胞。台北邵氏宗亲会常务理事邵德先生告诉我们,此次他们是以台湾护山宫管理委员会的名义前来的,并将他们第一次寻源之旅的"阴错阳差"向我们娓娓道来。邵德先生说,第一次到祖国大陆寻根是在1993年,但是找到邵氏祖庙乃是几经周折。最初,台湾华侨旅行社协助台湾邵氏宗亲寻找大陆祖庙的所在地,误为同安东山的护国尊王庙。同年4月,旅居台湾三重市的邵氏宗亲首次前往大陆回乡谒祖,当核对台湾族谱记载的祖庙地址时,发现东山的地名与族谱中的记载不符,台湾族谱中记载祖庙地址为"同安新民镇开柑岭村西山岩半山宫（现称护山宫）及白云岩寺"。东山村有关负责人也已发现这个错误，但是他们相信两岸同胞，信奉的是同一尊护国尊王传承下来的文化，其中割舍不断的是两岸同胞的地域之情、族系渊源。虽是弄错祖庙，但有关负责人依然真诚地邀请台湾同胞到东山参访，使大家感受到了浓浓的亲情。既是同一护国尊王的信仰之缘，便冒雨先到东山进香，然后再往西山祖庙。当初东山乡亲舞龙舞狮的盛大场面，使台胞感受深刻。

可以说，这段"阴错阳差"的谒祖祭拜的小插曲，充分体现了闽台两岸同胞割舍不断的浓浓亲情。祖国处处洋溢着乡亲之情，展现了大陆同胞手足相连的情谊，两岸民众优雅宽容的风范，是两岸文化交流的一段佳话。

"护国尊王"厦台共奉

西山岩上钟灵毓秀的美丽风光，让我们不由得浮想联翩，这座历史悠久的西山究竟藏着怎样的故事，邵氏宗亲为何跨海而来，执着地寻找？

听了同安邵氏宗祠修复理事会邵家烹先生的介绍，我们对邵氏家族与西山的历史渊源有了初步的了解。传说西山顶的白云岩寺为唐代厦门名士

西山岩美景（白桦）

海天情愫

来到柑岭的台湾进香团（志明）

陈黯所建，迄今已有1100多年历史。风景独好的唐朝古刹，阅尽了千年沧桑！据同安邵氏族谱记载，元末泉州遭受十年战乱，同安邵氏一世祖邵亨"业儒有声"，由晋江邵厝携子侄游学于汀、漳、潮、惠，途经同安，登临西山，深爱其"抱异负奇，独含元气"，遂举家迁居西山东麓的橄榄岭，即今柑岭村。耕读为业，诗礼传家，渐成同安望族。

明洪武年间，同安邵氏二世祖邵恭，体承父亲"购西山，复唐寺"的宏愿，积累巨资，购下西山岩所在的大部分山林地，西山岩渐成骚人墨客、善男信女的游览进香之地。

相传西山护国尊王的香火是明代邵氏族众从安溪县邀请来的，他们在山腰建起半山宫奉祀。近年经闽台两岸专家学者考证，护国尊王即唐代安史之乱中，扼守战略要地睢阳达一年之久，城破后以身殉国的名将张巡。五代后，其信仰随中原移民的南迁传入闽南。因此在闽南，护国尊王的信仰遍布各个姓氏家族。

在谈到邵氏家族赴台，至近十几年回大陆寻找祖根时，台湾的邵德先生声情并茂，其爱乡恋根的激动之情溢于言表，回忆起祖辈们辛勤开拓的历史，数百年来的亲情与寻根的夙愿浓浓的交织在一起。他向我们说道，清朝乾隆年间，正值大陆民众赴台开拓的热潮，同安橄榄岭邵蕤春等29户乡亲，在另一些乡亲的号召下，前往台湾发展开拓。他们从西山"半山宫"奉请护国尊王金身与香火，东渡台湾谋生创业。当初，他们还聘请了同安的建筑雕塑师傅前往台湾修建神庙，最后定居于三重埔（今台北三重市）。邵氏祖辈们筚路蓝缕，披荆斩棘，在台湾的早期开拓史上写下了厚重的一笔。而原先的29户邵氏乡亲在台开拓进取，人丁日益兴旺，繁衍成族。几乎所有的邵氏长辈都不忘这样一件事情，就是告诉自己的子孙后代，他们的家乡在隔海的同安县，护国尊王是如何越洋跨海庇护着邵氏家族的？他们这种不忘祖根的历史情怀，使得护国尊王这个信仰在台湾的邵氏家族中代代相传。

"倦鸟思巢，落叶归根。"1993年4月，旅居台湾的邵氏宗亲在邵临宗长和邵石棋先生的带领下，首次组团返乡祭祖。虽先是阴差阳错地安排至东山，但很快就在本地宗亲的协助下返乡祭祖并登临厦门同安西山，到白云岩寺及护山宫祖庙寻根。这一盛举体现了闽台民众血脉相连的骨肉情深，反映了两岸同胞在地域、族群、文化上难舍难分的渊源与感情。

闽台两处护山宫

如今护国尊王的信仰已成为两岸广泛的民众信仰，在我们采访的过程中，发现此次台湾同胞一行28人中，并非都是邵氏族人，亦有陈姓、翁姓等。台胞廖茂杉先生告诉我们，在台北的邵氏宗亲未经确切统计，初步估计有数万人，但是护国尊王的信仰并非仅限于邵氏家族，许多姓氏家族在两岸各地都共同祭拜护国尊王。

邵氏后裔牢记，台北三重市护山宫的护国尊王是由同安分灵的，因此在1993年邵临先生组团第一次返乡祭祖的次年，台湾邵氏宗亲就捐款，并与同安宗亲联手集资，将狭小的半山宫扩建为建筑面积900多平方米的景观建筑群，并按三重市的命名，改称半山宫为护山宫。这样，海峡两岸的同胞们即使隔海相望，也能共同维护传承着护山宫的信仰。海峡两岸同根同生，同脉同源，共同的文化，共同的信仰使海峡两岸形成了不可分解的文化情结。中华民族固有的崇拜祖先慎终追远的浓厚感情，把两岸民众紧紧地联结在一起。

柑岭村历史上名为橄榄岭，解放后划为三个行政村，主要部分更名为柑岭村。因所处位置坐山望海，离海岸线10公里左右，史上为橄榄岭村村民跨海渡台提供了地利之便。据说当年甘岭村的整个山岭都种满了橄榄树，但历尽沧桑变化，现已见不到橄榄了。后来村里人在修建宗祠时，又复种橄榄树以传文脉。

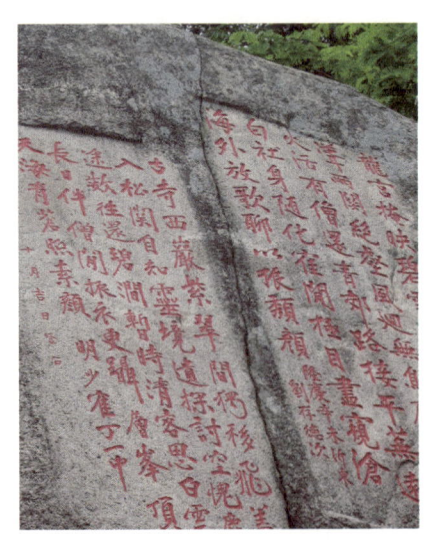

西山岩的石刻（志明）

文采風流

WENCAI FENGLIU

一座有文化又美丽的城市，即使在闾里乡陌，一些老房子的遗存，也同样闪烁着绚丽的光芒。进入其间，它的故事同样是美丽动人，令人流连。

在老街品味人文魅力

一路书香

　　徜徉在中山路上，周末的喧闹气氛包围着我们，广告牌在眩目阳光的照射下让我们目不暇接，蓦然回首间，光合作用书房旗舰店已在视野之中，中华电影院与人民剧场这一带原来就是老中山路的"文化市场"。一位老厦门人告诉我们，早在清代，厦门早期的专业曲艺演出场所就在这里，当年这里有个中华茶园。茶园里搭着台子常年在这上演戏剧，有本土的歌仔戏，北方的京剧，甚至还有外来的马戏。当时它右边集中了二三十家风味小吃摊，据说每个摊位的小吃都风格各异。晚上，人们喜欢在这里看戏，吃夜宵，后来这里又建成了中华电影院和人民剧场。现在的经营图书的店家在中山路并不少见，千米长街上还有新华书店、外文书店及书亭、书屋，甚至在一些大商场内也辟有售书专柜，老街上可谓洒下一路书香。再加上老街各具特色的茶馆茶店、古玩店、工艺品店、网吧、人体彩绘等散发着浓烈的文化气息，和时尚的商业街氛围融为一体。

人文闪烁

　　如果你来到中山路仅仅是为了购买新款服装和感受动感嘈杂的流行音乐，那你如同进入了一座美食城专挑白米饭吃。从南寿古迹到和凤宫旧

富有人文魅力的中山路（杜小霞）

址，这一路行来，星星点点的人文遗迹就洒落在争奇斗艳的商埠之中，和凤宫旧址就在中山路西段的拐角处，经营小杂货的老板目睹了它的兴衰。康熙三十六年（1697年），前往台湾采办硫磺的郁永和暂歇庙中，当年和凤宫面临鹭江，海水流入宫边的渠道，海水流经处还架了一座木桥，景致绝佳。可见当年这里就是海岸边了，想不到数百年的沧桑，今天我们站在和凤宫的旧址上往前一望，中山路还有好长在延伸。现在古庙的遗迹荡然无存，这一带已成为行走中山路的休闲小角。现在经营在这里的茶桌仔是人们歇脚的好地方，厦门人那种在街边摆茶桌饮茶议事的古老民风，在这里居然还存有一席之地。

　　中山路上五彩缤纷的小店为人们展示了更加丰富的看点，从中更可以看到人文交融的姿彩。我们走进一间小店，它像是一条狭长的巷道，出售着中国结、葫芦丝等传统手工艺品。据店主说，这些东西很受国内外游客的欢迎，没走几步，一间人体彩绘店冲入眼帘，异类的文化似乎也特别引人注意，进进出出的人即使没有亲身示

别有特色的大门（志明）

范，也深深感受到了不同文化带来的心理上的冲击。不远处又是一家卖唐装的服饰店，不用说，从街上行人的衣着来看，就知道唐装的受欢迎程度了。北京前门冰糖葫芦、心情咖啡屋、美丽牛仔乡村俱乐部等都在中山路占有一席之地，让你在一条街上看到不同时空中最具魅力的文化。

深巷老屋

穿过中山路闹市，进入小走马路，一幢气度不凡的老宅，吸引了我的眼球。它为三层建筑，西洋式的雕花墙体和廊柱，布满了中国的格言和警句，真是巧妙的中西合璧。房子的石制大门上刻着的"敦煌衍派"四个字清晰可见。

走进门去，作近距离的接触，房子体现出来特殊的文化氛围让人震动。房子的正门上写着"家庭教育"四个大字，左右分书"言必忠信"、"行必笃敬"，门额书"洪怀仁堂"，并有英文旁注：A.N.CHON BUIDING, JUNE.1926，可见距今已近八十年的历史了。屋名两旁配以藏头联："怀德惟宁毋忘古训，仁亲为宝尚忆先畴"；"怀其宝惟善为大，仁之德于时日春"。两幅对联都以怀仁冠首，暗符屋名，可谓妙绝。最为特别的是屋子体现的文化品位，目光所能及之处都是教育子女的对联和警句，且每扇门的门联都各不相同，右侧门的门联写着"治家严而慈"，下联已是很难辨清；二楼的侧门上题有"父教其子，兄勉其弟"。从左侧门走出，我发现外侧墙上有一个图案，中有"家教"二字，"黑发不知勤学早，白头方悔读书迟"是劝学之言；"玉不琢是废玉，田不锄是荒田"是教谕之言；"力除倨傲，且戒骄奢"是做人之道。这些对联让子孙们抬头低眉处都能看到，主人的良苦

通奉第老宅的内廷花园（杜小霞）

深巷里的洪怀仁堂（志明）

用心在对联中彰显无遗，他希望子孙们能把这些美德融化到他们的骨子里去。我在观赏之余，也颇受触动。选择西式的房子只是为了生活上便利，而在文化的选择上，他们内心更倾向于回归传统。是的，"苔痕上阶绿，草色入帘青"，这样的对子似乎在表达身处异域的他在家乡营建一个理想之梦。

我与住在里面的洪先生闲聊中得知，洪怀仁出生于清末，厦门人。年轻时到菲律宾做生意，经营家乡的酱油而发家。他虽创业于异国他乡，却酷爱祖国传统文化，回厦门在中山路边上建造了这幢集合中外各种文化元素的房子。边门上又有一副对联："怀想前岳毋忘敦煌世德，仁亲故里克振华美家声。"这副对联正说明了主人家身上背负的家庭责任和振兴家族的豪情。轻步缓移之际，我怀想着一个姓氏从敦煌走出来，走到沿海，最后走向世界的历程。

心里揣着感动，才转过街角，在通奉第巷又遇上了另一幢豪宅。石制的雕花大门，配以高高的尖顶为装饰，尖顶几乎占去了大门的一半，很张扬。两边的墙体高低起伏。深藏围墙之内，置于小巷之中，体现了它被忽视的命运。进门登梯，豁然开朗，简直是走在观景

"西风"入门庭（志明）

长廊，房子主体前竟是两个中国式小园林。左边花园以卵石铺路，有亭有椅有桌，环境清幽。在月朗星稀的夜里，在这里品茗赏月，把酒闲聊是何等惬意的事呢。右边的花园以盆景为主，又有假山、鱼池陪衬，鱼池上甚至有小桥一座，水面很平，可以看见水里还有小鱼在游动。在假山上刻有两个大字，为"选青"。花园构造巧妙，它突破了空间狭小的限制，又通过门和楼梯的利用，将有限的空间再加以分割，让花园景致的内涵加以延伸，我不禁为主人家的构思叫绝。正在叹赏间，房子里出来一位老人，他告诉我这房子迄今已经有近百年的历史。房子是蔡姓绸布店老板盖的，他发迹在厦门，以思明南路的华记绸布店名噪一时。选择在中山路边的小巷

中盖建这所房子，是因为既便利照顾生意，又拒绝了喧哗，还自己一个宁静的空间。

小走马路和通奉第巷老宅透露了主人两样的价值取向，前者貌西实中，后者貌中实西。前者是从海外归来的华侨资本家，在体味了西方文化后，他最终认定中华文化才是自己的根，于是回归了传统；后者是民族资本家，在中西的文化碰撞中，他羡慕西方的华美，并追寻着它，但也摆脱不了中国的小桥流水式的情怀。它们同为中西合璧的典范，是中山路深处的经典之作。中山路边上正是深藏了许多类似"不足为外人道也"的人文亮点，只有探寻其间，你才会感到它的深邃与隽永。

画外余韵

中山路不仅拥有华彩四射的主干道，走进深巷，你才发现深藏在其腹地的魅力和动人之处，都市的喧哗永远也代替不了古巷的清幽，浮躁的心情更难以进入中山路曾经的辉煌。我们屏气凝神，一路追随着那些引人入胜的古文化留下的记忆。

泰山路、武当分镇巷、三十六崎巷、竹寮巷，这一串对我们来说或陌生或熟悉的深具古意的地名，将我们带到供奉保生大帝的"保生堂"，安静使我们沉下心来，品味着和感叹着其中仍然保留得极为完整的古迹。路过三十六崎巷，我们发现一处白氏宗祠，从门上对联"南阳开裔叶，东洛衍支流"就可猜出这是一个从古代中原迁来厦门定居的家族。打铁头刀街、武当分镇巷、小走马路将我们引入20世纪20年代各式建筑集中的地段，教堂、古宅的特殊风格更加让我们感到很兴奋，在中山路的深邃地带还有这么多的人文亮点。

与中山路相贯通的台光街，这里的扎纸专业户是出了名的，他们平日里做些轧纸的民俗用品，也做喜庆灯笼之类的，百年前，外国人还拍摄了他们的作品印制成明信片。传统的扎纸工艺和中华第一圣堂成了这条街的闪光之处。台光街内还有一条广平巷，这里出了三位厦门文化名人：虞愚、谢云声、苏警予，人称"广平三杰"。草埔巷民族英雄陈化成的故居在水泥丛林中阅尽沧桑，石壁街台湾诗人王人骥的故居仍然在叙述着对故里的怀念……中山路已成为承载着厦门人文的地标之一，古老遗存与商业气息，本土传统与新潮时尚，种种色彩集中在这一条街的内外，让人在时间和空间的激流中真正的体会到厦门这一城市独具一格的风采。

时尚光影下的桥亭

桥亭街历史悠久。街的东侧与虞朝巷之间，早时就有聚落居民，清代中叶，这里先后有人考取功名，其一是姚一飞，于乾隆五十四年（1789年）中了举人.另一人是林一枝，他于乾隆六十年（1795年）拔贡生，累赐举人，官至翰林院编修，道光《厦门志》上都载明他们是桥亭人。近代厦门画家萧百川则住在桥亭街尾，他号汉仙，善画螃蟹，栩栩如生，所题螃蟹诗数以百计，其弟萧百亮也以诗画齐名。狭短的桥亭街，位处交通要冲，与其衔接的一些路段，亦是历史悠久、积淀深厚。

说起桥亭街，老厦门几乎无人不知。而"桥亭"的涵盖却远不止于短短"桥亭街"，它把周遭一带也轻揽入怀。在厦门的历史上，它曾写下风华篇章。如今却已"流水暗随红粉去"，它是已进入土地交易市场的中华片区的中间地段。当我们再度触摸这座古城的脉搏，倾听古城的叹息，蓦然发现，古韵与时尚在这里交融。

桥亭石香炉（郑宪）

匆忙的脚步还没来得及放缓，游离的目光还来不及聚敛，已经从"车如流水马如龙"的现代都市走入了"谢家庭院残更立"的古旧小街——这里就是桥亭，是进入中华片区的一道门。桥亭街，顾名思义应该是个有桥有亭的地方。但当年的小桥流水已无可寻

厦门文史丛书

厦 | 门 | 闾 | 里 | 记 | 忆

觅，只留下这么个诗意的名字。街口的热闹多少沾了点中山路的光。桥亭1号是维温女装专卖店，3号则是香港鳄鱼恤，5号是长青首饰专卖。到了7号，就是一家食杂店了，小柜台里陈列着问津不多的厦门传统点心，散装的，已不多见；11号门口的缝纫机的声音穿透嘈杂的人声，固执地提醒着路人它的存在。再接下来就是一溜的小吃店，厦门风味、漳州卤面、沙县小吃也落户在这短街。小街的古朴在摩登气息的紧逼下显得有点力不从心。

清朝的桥亭一带是厦门城外的繁华之地，相互衔接贯通的有桥亭街、四仙街、外清巷、石壁街、本部巷等。从桥亭与四仙街交接处的岔路口拐进就是外清巷的邱家别墅，门口有一处古井，井中甘泉默默地滋润了一方百姓。井台是用毛蚶壳堆砌而成，象征吉祥，人们称之为"蚶壳井"。井

时尚的四仙石（郑宪）　　桥亭老街边上的蚶壳井（郑宪）　　闹市边上的安闲（白桦）

栏旁有一小桶，打水上来，伸手掬一把抚在脸上，炎夏暑意顿消，清凉无比。如在此地月下汲水，便可媲美古人"掬水月在手，弄花香满衣"的意境了。这邱家别墅为20世纪30年代名噪一时的厦门洋行买办邱世定所建，据说此屋中曾演绎过一段拜倒红颜的故事。从本部巷进入草埔埕，便可见到陈化成的故居。这位清朝名将也选中了这"天时地利人和之地"，从这里步行到他办公的水师提督衙门仅需10分钟的时间。有意思的是，百年后的今天，厦门最繁华的地段之一，却是在它比邻的老街上。

走过桥亭，来到了四仙街。小巷得名于街道中段一块称作"四仙石"的石头。那是一块方方正正的石头，石头四面各雕刻有端坐着的神仙像，

具体是哪路神仙就不得而知了。据说当年某文物单位一度想把它挪入博物馆，但是附近的大爷大妈们深信这是块有灵性的石头，在他们的恳请下，四仙石留在了四仙街，继续享用着人间的香火。

四仙街只有96米长，3～4米宽。四仙街上，有厦门近代金石名家黄朗山的故居。黄朗山号鲁山，善篆体书法，毕生从事金石研究，镌石治印无数。泉州黄氏豪绅构筑石檗山庄，并礼聘名家题诗题词百数十幅，请朗山先生逐一摹刻，精心墨拓，成为艺术珍品传世。朗山先生原住同善堂，其后移居于此，至逝世。

毗邻四仙街的是石壁街，有一处文化名人王人骥（字选闲，号蒜园）的故居。他是台湾安平县人，甲午海战之后，清政府把台湾割让给了日本，王家毅然放弃了丰腴的家宅田园，举家渡海来厦。壬寅年，他乡试中举，后往日本求学法政。学成归国后，他受到重用，被任命为"法部会计师主事"，晋升为员外郎。不久，他辞官回乡，为厦门的市政建设做了重要贡献。1912年，王人骥担任思明中学校长，大力进行教学制度改革，改编教材，增设了英语、音乐、体育等课程，培养了大批有识之士。石壁街的得名也有来由，原来在四仙街尾地方，分布一大片磐石，其对面巷内则有一口紧靠着墙壁的水井，俗称"壁边井"，二者被各取首字合名石壁街。走过石壁街就是释仔街，它以释仔寺得名。路中有王氏大厝上下遥对，俗称顶王和下王。抗战前，街上还有厦门美术专门学校。而今其邻近包括上古街路段以及四明会馆等建筑物，都湮没在镇海路和新建楼群之间了。

石壁街的32号、34号、36号是一幢大楼，这是20世纪60年代初厦门市人民政府兴建的第一幢干部宿舍楼，墙壁均用条石砌成，因地处石壁街，故称"石壁大楼"。当时只有市里正局级干部和少数社会名流才能入住，于是附近老百姓笑称其为"干部楼"。前不久，刚刚辞世的著名中医盛国荣老先生就在这里生活了大半辈子。

日将薄暮，我们的行程也暂告段落，但故事似乎仍意犹未尽，我们相信的是：无论这个城市外表如何地变迁，一些动人的故事，一些鲜活的面容，一些沉淀的文化，一些传统的民俗，都将永远为这个城市所铭记！提起又放下的是历史，提起而放不下的是情感。300年的历史回响源自一个名字——洪旭。这一带曾经是他行使军政权力的"本部堂"。透过它，历史的画面不再是零碎与残缺，当我们走进本部巷，不论是哪一条小巷、一幢老屋，您可以听到它。

盐溪街，飘逝的风流

古厦门城东面，有座玉屏山，山上白鹿洞边一道潺潺溪流顺坡而下，来到了靖山边上的谷地。溪流不大，却是一脉灵秀。早先人们把溪两岸称为"溪仔"，后与盐菜巷合称盐溪街，成为现地名。由于地理原因，近现代以来，这里竟成厦门多位名士荟萃之地。自从2006年中华片区拉开旧城改造帷幕，也许盐溪街也会面临变革的命运。沧桑的地理与丰厚的人文，再次把我们吸引到这处百年老街。

"石敢当"诉说百年风雨

繁华的镇海路上尽是林立的高楼，传递着厦门现代的气息。但就在路的中段，悄悄地开着一个小街口，从这个小街口进去，便可到达盐溪街。如今盐溪街已了无溪水的踪迹，其实溪水正在路面下潺潺地流着呢。在街口，隐约可见高楼背后露出几

盐溪街老屋里的石刻（郑宪）

座传统民居的轮廓，高翘的燕脊被覆着夕阳，仿佛一幅金边剪影画。那静穆与古朴的氛围，与镇海路的喧嚣真是大相径庭。盐溪街的历史算起来也有上百年了吧。老街虽老，却老得古意盎然：古朴大气的红砖大厝，风雨剥蚀的石敢当，古韵隽永的石雕，无一不诉说着历史的遗韵。这里的古大厝，有的像散落在小街深处的明珠，虽然历尽沧桑，仍难掩昔日风华。有的虽然柴扉紧闭，但墙壁上的篆书与墨竹在门庭上就透露出了酽酽的文化气息。当我们转进露出一角欧陆风格的老洋楼时，才相信中西文化在这里早已融合。进入古洋楼，那精美的西洋雕塑图案和砌进墙体的中国书画结合得那样完美。这条不过数百米的老街，不仅含蕴了地理沧桑，而且有着深厚的文化积淀，也许我们对它深处的认识才刚刚开始。

看不见溪流的盐溪街

我们在盐溪街中段的一个大埕上与一家食杂店里的龚大爷攀谈起来，他从父辈起就住在盐溪街。龚大爷的父亲16岁迁居此地，96岁辞世，龚大爷今已80高龄，算起来他家与盐溪街的缘分也有一百多年了吧。遥想当年盐溪街，溪流淙淙，绿树成荫，颇有几分江南水乡的气韵。龚大爷忆说，在他小的时候盐溪还是一条天然溪，溪旁屋舍俨俨。他小时候经常光着身子在溪水里玩耍，后来溪两岸的人烟越来越稠密，为了方便交通，溪流被石板覆盖，一条天然溪成了暗溪。再后来，石板上又抹上了水泥，一层一层，路面越来越平整，但溪水也离人们越来越远了。现在平整的街面已看不出曾经有溪流的痕迹了。但老大爷确信那淙淙的水流仍然在水泥路下流淌。盐溪街的每一个变化都印在老人眼里，老大爷的叙说犹如一页页的地理书。

龚大爷还告诉我们，这盐溪街可不是一般的小街小巷。俗语"仁者乐山，智者乐水"，自古来厦门许多文

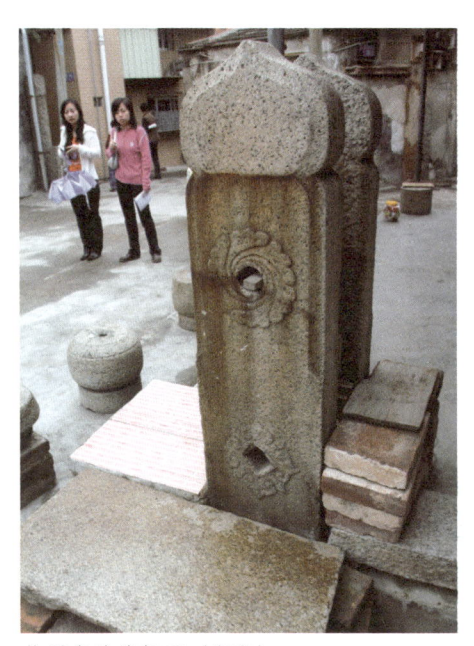

盐溪街的旗杆石（郑宪）

化人就在这里傍水而居，因此这里的民风淳朴且高雅。当年父亲从泉州迁居来时，入住盐溪街须要担保人，否则不能入住。这条规矩今天看来颇不可思议，但盐溪街风气之淳朴可窥一斑。

到处是文化名人的遗迹

寻访我们邂逅了住在盐溪街29号的沈文蛟先生，他是爱国华侨、灯谜家沈观格的三子。沈先生热情地把我们领到他家中，而且拿出了珍藏40年，且从未与外人见过面的"宝贝"与我们分享。那是把扇子，一把极为珍贵的扇子，扇面上有李禧为沈观格的题诗，还有厦门一代名士王步蟾、周殿修、柯荣试等人的篆刻。这些人也住在盐溪街附近，可见地理的方便也加深了文人之间的交谊。

李禧先生像（郑宪）

我们发现不过数百米的盐溪街是个人文荟萃的地方，可以说盐溪街是厦门一代才俊居住最集中的地方之一，这里涌现出多位对厦门文化有贡献的人物。有文坛名士陈丹初，有书法家欧阳桢，有"离世而独立"的怪才吕世宜书家，有民俗学专家谢云声，还有福建省文史馆馆员、著有《厦门市志稿》的著名诗人李禧，等等。这些互为街坊的文人彼此之间相交甚好，经常在一起探讨问题，交流心得。

这一带还留下许多文化名人的逸闻，如欧阳桢为人偶傥，常于酒酣赤膊挥毫，原万寿岩寺中有他写的"阳台夕照"擘窠大字；李禧的常用春联是："小人有母，大地皆春。"

李禧先生故居紫燕金鱼室（林剑影）

探寻刘海粟的鹭岛印迹

时光追溯到25年前的新春时节。在微凉的海风中，一位大师来到厦门，在鹭岛度过了他人生第87个春节。他挥洒泼墨，为厦门人文点下浓墨重彩的一笔。他就是我国著名的美术家刘海粟先生。25年过去，但当年全程陪同采访刘海粟的郭坤聪先生，谈起往事，依然眉飞色舞……

刘海粟其人

刘海粟，字季芳，1895年（另一说1896年）3月16日出生于江苏省武进县。我国当代艺术大师，近代美术教育事业的奠基人，新美术运动的拓荒者，杰出的美术教育家。

刘海粟先生一生追求真善美，他擅长于中国画、油画和书法，对诗词亦有很深的造诣。在长达80余年的创作生涯里，他学贯中西，艺通古今，独树一帜，创作了大量的艺术珍品，影响播及海内外。

刘海粟先生学术著作颇丰，在艺术实践的同时，还致力于艺术理论研究。主要著作有《画学真诠》、《中国绘画上的六法论》、《存天阁谈艺录》、《刘海粟艺术文选》等。这些著作是他一生艺术实践和理论研究的结晶，有很高的学术价值。

刘海粟先生热爱祖国，关心祖国的统一大业，1982年来厦期间，深情地写下相关诗作。1994年8月7日，百岁老人刘海粟先生在上海逝世。

刘海粟在厦门进行艺术创作（郭坤聪）

在厦怀念张大千

1982年1月23日，刘海粟和夫人夏伊乔女士抵达厦门。凑巧的是，过天就是除夕。"每逢佳节倍思亲"，初到厦门的刘海粟隔着滔滔的海峡，不禁思念起在台湾的画坛泰斗张大千先生。张大千是刘海粟20世纪30年代的好友，两人曾在上海美术专科学校共事。两人在人生的历程上，特别是在艺术上都取得了很高的成就，都被艺术界公认为泰斗级的人物。临海思友，往事如烟，刘海粟不由感叹万分。他铺好宣纸，饱蘸浓墨，深情写下："岁岁堂堂又即春，每逢佳节倍思亲。长桥若可连双峡，我辈甘为担石人。"

刘海粟这首至情之作，几十年来成为海峡两岸脍炙人口的诗章，至今为两岸文化艺术界人士所津津乐道。郭老告诉我们，前不久一位从台湾来厦进行艺术交流的人士在与厦门友人相聚的盛会上，触景生情，又吟哦起了这一佳作。在座的厦门友人也吟起刘海粟在厦门写的另一佳作："滴血相思树，怀人日月潭。愿持大悲身，双峡海天涵。"这首诗是当年刘海粟畅游南普陀寺时即兴写下的。刘海粟从厦门的相思树想到台湾的日月潭，进而借景抒发了实现祖国统一的意愿。当两岸友人共吟一位大师的佳作时，其景其情感人至深。

过个闽南除夕夜

当年刘海粟下榻在厦门宾馆原5号楼的一套中式套房中，除夕夜里，刘海粟远在上海、香港的女儿、女婿也赶到厦门，一家人"入乡随俗"，过的是闽南"围炉"的除夕夜。据说那天的年夜饭也有许多是闽南特色的菜肴，像春饼、血蚶等。新春时节，刘海粟很喜欢站在阳台上欣赏风景，因为他住的那套套房的阳台正对万石岩，站在阳台上远眺，便可欣赏万石岩郁郁苍苍的植物，景色格外好。观景之后的刘海粟，似乎常得到灵感，经常是观景一段时间便回房间和夫人兴致勃勃地作画。也许是刘海粟对厦门的美景情有独钟，郭老回忆说，作国画时，刘海粟通常与夫人夏伊乔面对面一起画，而作油画时，夏伊乔则站在一旁欣赏。在厦期间，他忙于见客、会友。2月4日，刘海粟"偷"得一天闲，伉俪同游鼓浪屿，两人参观了郑成功纪念馆，并登上了日光岩。在鼓浪屿的这一天可谓是刘海粟整个厦门行程中最休闲的一天。

郭老还告诉我们，刘海粟是个银发童心的人。在厦门期间，刚好是农历的新旧年交替的时候，那时刘老已从86岁进入到87岁，但是每当题字或画作落款时，都署"年方八十七"，似乎87岁对他来说还很年轻。当我们来到厦门宾馆现场寻访当年刘海粟下榻的5号楼时，现在的5号楼已是旧貌换新颜。宾馆的工作人员大部分已经更新换代了，但为数不多的几个老员工依然能够清晰地回忆起当时刘海粟作为宾馆嘉宾的情景，并领我们参观5号楼刘海粟住过的旧址。虽然楼房已改观，但服务员告诉我们现在的新房间仍然是面对着万石岩，这一点在位置和朝向上并没有变化。

我们站在房间的阳台上，面对着夕阳下的万石岩，我也略略体会到刘

郭坤聪先生展示刘海粟书法（郑宪）

海粟当年心旷神怡的感觉，难怪他写下："天风海涛尽腾吹，并捍健笔写江山。"

留下墨宝成珍品

当年来到厦门的刘海粟，"泼墨狂扫风云壮"，给厦门增添了人文之美。特别是在厦门宾馆，刘海粟留下的一幅巨作《红梅图》，据郭老说，这幅《红梅图》长约五米，宽约两米，是刘海粟少有的大幅之作，而且这幅画是历经厦门、汕头两地才完成的。可惜我们再到现场，原来挂《红梅图》的地方已经重新装修过了，已见不着《红梅图》的踪影。郭老说他最后一次来宾馆看《红梅图》是在2000年3月17日，这件瑰宝是否得到妥善保存，他十分挂意。

刘海粟为厦门书画社题写的招牌至今挂在书画社门口，看来书画社十分珍惜刘海粟为之题写的墨宝。在书画社门口，我们看到招牌被做成两块，一块是木刻镏金的匾额，一块是大型的墙幕。在南普陀寺，刘海粟题诗之后，他的夫人题字："天行健自强不息。"

刘海粟为厦门书画社题写的招牌（郑宪）

在厦门大学，刘海粟送给校长曾鸣书法一副"泼墨狂扫风云壮"，送给副校长司守行："云水襟怀，松柏气节。"他的夫人写下："天风海涛学无涯。"曾鸣校长回书："人老心犹壮，霜重叶更红。"刘海粟在厦仅十几天的时间，他留下的公开画作有20多幅国画，5幅油画，有些画作是和夫人一起完成的。刘海粟是个好客的人，许多人想得到他的墨宝，他几乎是有求必应，这些作品至今留在厦门民间私人收藏家手中有多少件，已难查考。但刘海粟留给厦门的不仅是这些墨宝，是一个永远有其光辉的艺坛泰斗、银发童心、关心海峡两岸统一事业的老人的形象。

淘洗人文星光的洪明章

洪明章从台湾屏东来到厦门，厦门及周边浓厚的闽南文化氛围留住了他，使他自认为也是个厦门人。闽南文化让这位在台湾长大的青年觉得他似乎在这里触及到了闽台文化的脐带。在闽南一带，散失于民间的许多旧物可以筛洗出许多人文的积淀。几年来，他已大有收获，为之乐此不疲，

洪明章与他收藏的牌匾（白桦）

甚至痴迷。保留城市的人文记忆与我们见面时，台湾同胞洪明章最感到高兴的是，厦门的主流媒体关注到了他，因为他堪称"旧物富翁"。话还得从头说起，1996年的一天，洪明章在武夷山的民间旧货市场上淘到了一块"贡元"的大牌匾，是清代乾隆时期的遗物，有两米多长，一米来宽，书法遒劲有力，相当古雅。洪明章如获至宝，立刻把这个大家伙托运回了厦门。在高兴之余，洪明章觉得有点不可思议，像这样的东西是要受到极力保护的，怎么流入了民间市场？有人告诉他，其实这块牌匾在闽南算不

了什么，在城市建设中，被拆除的古民居和相关遗弃物里，许多堪称精品的东西都没有得到关注，有的甚至作为废弃物。洪明章从此经常"上山下乡"，在拆除老屋的工地，在民间旧货市场，在闾巷之中，在老行当的旧址里四处搜集，果然得到了许多"好东西"。这些旧物里，有官服饰品、民俗用品、古代试卷、生活用具、名人字画等。洪明章几乎为此着了迷，几年来，淘旧物几乎成了他生活不可分割的部分，旧物让他充实了许多人文知识。这种机遇和乐趣，是他在台湾完全得不到的，因此他更乐意当个厦门人。他颇有感触地对我们说："早些年，台湾在进行城市建设时，也是拆除老房子，建起新都市。"

其中许多人文遗迹和文物也是在被漠视中流失了。后来人们领悟到这些宝贵的东西不可再生时，似乎已经为时晚矣。在人文历史方面，我不是专家，充其量不过是个痴迷的爱好者，今天我看到许多对我来说很有人文价值的东西被遗弃，我从兴趣爱好和力所能及的范围来收集，用绵薄之力保留一些城市童年的记忆。

"旧物"展现活生生的历史

在洪明章的三万多件藏品中，各式牌匾是他最喜欢收集的一类，因为上面富含人文信息。这其中有刘镛的题词，左宗棠的贺语，李鸿章的警句，林则徐的诗。这些物件含蕴了闽南人文的光芒，它们大多是在拆除老房子时留下的仅存。洪明章最得意的是一块涉及了闽台渊源关系的牌匾，

镌刻有"福建台湾府彰化县"的圣旨匾（白桦）

文采风流

洪明章（右）向参观者介绍藏品（立秋）

内容是乾隆三十六年表彰在"福建台湾府彰化县"任职的丘德孚的父母教子有方，"我当时兴奋得不得了"。洪明章对我们说："'福建台湾府彰化县'几个字让我联想起台湾自古就是中国的领土，而且跟咱们福建的关系尤为密切，当时的台湾还属于福建省辖的一个府。"有一次，洪明章在闽西一个钱庄旧址里，随便捡回了几张旧纸，回来后在灯下一读，可了不得：原来这是《马关条约》签订后，台湾巡抚刘永福抵抗日本侵略的告示，上面写着："蠢尔倭酋，不自量力……蹂躏我藩村，侵占我疆域，索赏兵费，要挟强求……"这张"废纸"堪称一份难得的历史文告的原件。

在这些旧物中，有标志闽台同俗的中秋博饼状元筹，有《金门志》撰写者之一的林豪在同安双溪书院读书时的考试卷……洪明章说："在台湾出生的我，在搜寻旧物的乐趣中使我更深刻地感到台湾的文化之根就在闽南。而且我也从中得知，我的祖籍就在南安。"

厦门作为我国最早对外开放的通商口岸之一，受"欧风美雨"的影响，民间遗留了许多"舶来品"。这些东西包含了闽南与海外往来的文化信息，因此这些旧物也是洪明章从没放弃的追寻。百余年前的西洋潜水帽、老冰淇淋桶、磨咖啡机、安琪儿烛台、玻璃洗衣板、西洋钟、望远镜等一件件精美的用具，确实引起了人们的许多思索与怀旧的趣味。

生活的改进淘汰了很多东西，但这些旧物真实生动地记录了过去人们生活的情景。那些风车、舂米机等农具，虽然略显笨拙粗糙，却是一代代老厦门亲手操持、创造生活的工具。这些物件展现了活生生的历史，它们也是厦门历史文化的一个组成部分。

民间藏品可补大型博物馆不足

　　文史专家洪卜仁先生认为，洪明章的藏品在厦门个人收藏者中数量是比较多的，有些文化含量是比较高的。因为是个人收藏，自由度较大，所以洪明章的收藏品中一般的藏品也有，比较珍贵的文物也有。

　　他把很多流落到民间的鼓浪屿和西洋有关的物件陈列在同一个展区，体现鼓浪屿本土的外来文化，颇有特色。还有洪明章收藏了一些旧时代的鸦片烟枪、赌博用具等，记得有一次相关部门要举办一个打击赌博，取缔烟毒的宣传教育展览，就怎么也找不到那样一支鸦片烟枪来当展览实物。有的藏品虽然普通，但是现在很难找到了，就有了一定的价值。

　　洪明章的藏品中有一些闽南老店面的牌匾，其中有的是由名人手写而成的。另外，古代的一些服饰、官服，从一品到九品的帽顶，也是比较有价值的。因为服装很难保存，又经过了长时间的历史考验，能收集完整相当不易。

　　民间收藏可以填补大型博物馆的不足，起到辅助作用。洪明章收集了很多闽南民俗方面的生活用具，比如漆篮、茶壶、留声机等，虽然不算高档，但是对了解闽南的文化和当时的历史还是很有帮助的。此外，和台湾府有关的牌匾、科举考卷，一些私人著作和族谱，也对研究工作有裨益。

洪明章与他收藏的旧唱片（白桦）　　　　洪明章收藏的烟酒（白桦）

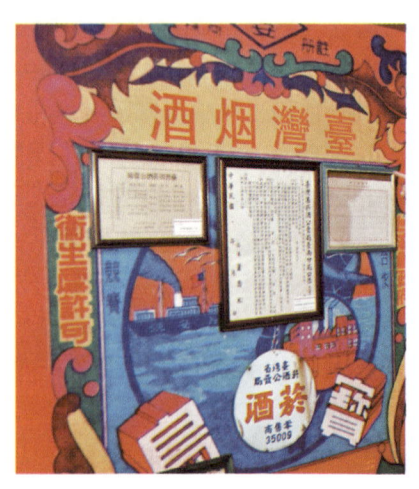

五通"敬海垱" 不忘"好兄弟"

　　五通是当年日军侵占厦门的登陆之地，年关将到的时候，位于厦门岛东北部五通下边社的村民们正举行着一种特殊的祭祀——"敬海垱"，吊祭曾在这片土地上遭日军屠杀而枉死的先人。从20世纪30年代延续至今，这种在海边凭吊被日军残害的先人的祭祀活动，形成了一种独特文化意涵的民俗现象。

"三牲"冥钱祭亡灵

　　每年的农历十二月十五日，下边村的村民们会来到在海边的一座小神庙里"敬海垱"。"敬海垱"，早已成为一种民俗，是村民们过年前必做之事。为了探究这一特色民俗，2月2日，家住市区、老家五通下边村的张先生，特地领着我们来到正在举行"敬海垱"活动的五通蚝仔沟海边，我们亲历了这一特殊的祭祀仪式。

　　在海边的滩涂上，便可看见村民们所祭拜的那座小庙，它伫立于一块微微隆起的高地上。小庙周围是大片海滩空地，现已开发利用，正在兴建通向翔安的隧道工程。据张先生说，这块海滩当年日军入侵时，许多中国守军在这里战死，日军登陆后，这里又成了屠杀村民之地。而如今的海岸线已向外延伸了数百米，目前正在施工建设的那大片滩涂，原先是一片荒凉，当时小庙就建在紧靠大海的沿岸。这座小庙不大，我们没有看见标有

为纪念被日寇杀害同胞而建的五通海边小庙（郑宪）

庙名的牌匾，村民门说他们把小庙称为"三叔公"，那些被日寇杀害的同胞的亡灵称为"好兄弟"。

村民们回忆历史，缅怀已故的亲人与同胞，他们说，当年日本人进村，杀戮同胞，那段日子极其悲惨，人们的日子极其艰辛。因此祭祀就是为了给在另外一个世界里的亡灵丰衣足食，希望在年节时分，这些逝去的亲人同胞同样也能够感受过节的气氛，品尝到人间佳肴，聆听着熟悉的戏乐……

见证者痛斥日军暴行

海边小庙旁，张大江先生情绪激动地讲述起他老丈人的遭遇，"1938年5月10日，农历四月十一日这天，日军登陆，我的老丈人朝宗为了不误农时，仍上山种植地瓜。但却没有想到在回家的路上被进村的日本兵抓住，押到海边这个地方，将他砍了头"。

与我们随行的向导张老先生，也是下边社这段历史的亲见人。他向我们讲述了邻居一位名叫"碰花"的女孩惨遭日寇蹂躏的事实。日寇进村当日，在村中抓住了年轻乖巧的黄花闺女碰花，便心生歹意，几名日本兵不顾碰花的强烈反抗，将才十几岁，尚未出嫁的碰花轮流强暴了。事后，悲愤异常的碰花心生绝念，上吊自尽，结果被母亲救了。但过不久，她的年

轻的生命还是离开了这个世界。

当年还是儿童的张先生，亲眼目睹村民被日军灌肥皂水的事实。"那时我还只是一个六七岁的孩子，在村外的'分事所'（日军的一种机构，类似于派出所）旁，偷看到了日本兵将掺着辣椒籽的肥皂水灌进村民嘴里的场面。几位村民被他们抓到了'分事所'前的空地上，日本兵先是对村民一阵暴打，然后用一端削尖的竹筒，将村民紧闭的嘴撬开，再从竹子的另一端，给村民灌进大桶大桶的肥皂水。当时看见被灌者的肚子膨胀起来了，紧接着日军又是一阵拳打脚踢，肥皂水又从嘴里喷吐出来，真是惨不忍睹，我都吓呆了……"

探寻中发现斑斑史迹

离开海边小庙后，张老先生又带着我们进入了下边村沿路探访，寻找历史的踪迹。

刚进村口时，便可见村边一片整齐绿油油的菜地，给久居城市的人们满眼清亮舒爽的感觉。可是有谁曾想过，就在这个村口，曾经有过悲惨壮烈的一幕：在日军登陆五通时，中国守军（因他们大多是广东籍，所以当地民众称为"广东兵"）与日军进行了艰苦顽强的抵抗。当时中国守军部

中国军队曾在这里阻击日军（郑宪）

五通的菜园（志明）

分驻扎在被村民称为"飞机场"的地方，就在现今菜园子的左方约两百米的地方，坚持抵抗。可能剩下最后一个士兵了，这时一个日军发现了他，两个人在相距两三百米的距离内各蹲下身子举枪瞄准了对方，几乎同时都扣动了扳机，子弹都不偏不倚都打中了对方，两人同时倒在血泊之中。后来村民们把这位因抗日而壮烈牺牲的士兵掩埋了。在进村口处，有间叫作"万寿堂"的小庙，张先生说这曾经是存放当日在日军侵略中遇难者遗骸之地，而如今"万寿堂"四周已是荒草萋萋。张先生告诉我们不久的将来，公路将从村里穿过，目前有些地段已经破土动工了。

这不禁使我们联想到，将来公路建好，有些历史遗迹将不复存在。但相信，这段鲜为人知的故事不会随着地理样貌的变迁而消失在历史的长河之中。途中，一栋红砖建筑的楼层映入眼帘。这栋雅致的洋楼，原是华侨建的，颇为大气，村民称为"红楼"。当年这幢红楼被日军占领，成为日军进村后的驻扎之地。我们推开红楼侧面的小木门，庭院已经荒芜，里面养着成群的鸭子。

这座壮观的洋楼已经荒废，看来已经很少有人前来造访这处史迹了。走出红楼，行至村尾，我们看见敬海的人群仍在一波波地前来，我们遇上了两位学生模样的年轻人，他们是来自高校的学生，刚放假回来，家长们要他们来体验一下民俗，不要忘记历史。他们对这样的民俗活动感慨颇深，虽然对祭拜礼节并不是很懂，但是却加深了对历史的了解，知道先人们的悲惨遭遇。五通村"敬海"民俗的存在，证明了这段历史不会随时间流逝而消失。

探访卢戆章故里古庄

同安的古庄，一道溪流逶迤而来，穿过这个古老的村庄，流向远方，当地人把溪流称之为"西溪"。沿着西溪进村，马上就远离了城市的喧嚣而进入山清水秀的村中，语文现代化先驱、汉语拼音创始人卢戆章就出生在这个充满田园秀色而又古韵怡人的古庄村。

卢戆章的故居是一幢已有百余年历史的闽南红砖古民居，在故居边上，我们寻访到了卢戆章的第四代曾孙卢痴微和宗亲卢和平、卢为珍、卢国庆等人。他们对卢戆章的生平了如指掌，卢痴微老人向我们出示了卢戆章的照片，开始说起戆章小时候的故事：卢戆章，乳名担，字戆章，号雪樵，生于清朝咸丰四年（1854年），家中兄弟6人，他排行第六。祖上曾在厦门的福建水师提督府任

鼓浪屿的卢戆章雕像（郑宪）

职，但曾经在当地显贵一时的卢家，到戆章这一代已经家道中落。戆章生性聪颖，家人希望他能重振家业，当时在离家不远处有一家村办的私塾，因此6个兄弟中也只让戆章一人入学，其他兄弟都以务农供养这位家人期望

他成才的小弟。正是这位出生贫寒的戆章，日后成为了一位我国语文现代化的先驱。

卢和平、卢国庆先生带着我们来到离戆章故居不远处的卢氏祠堂，向我们讲述起戆章在家乡已经萌发改造汉字之宏愿。戆章从幼年时就深受祠堂中"树培家学，振兴人文"祖训的影响，立志不仅要在族内培养知书达理的人才，还要在当时已岌岌可危之中华大地"振兴人文"。在西学东渐的时代，他努力向上，经常与离村不远的双圳头教堂洋教士一起研究探讨文字音韵之学，在这个过程中，戆章深感中国汉字对于初学者的艰深，洋教士教给他西方文字的音形符号，使戆章萌发将汉字用西方字母注音的想法。因为这样能为广大普通民众认识汉字带来极大的方便，也可使教育过程简单化。

戆章约21岁时走出古庄，求学新加坡三年，为我国语言文字的改革锲而不舍。他39岁时在厦门发表了"中国切音新字"。家

探访卢戆章故里古庄（郑宪）

文采风流

新挂上卢卢戆章故居的匾额（志明）

乡人传说，戆章经常往来于厦门的一些码头，为了实践他的拼音字母教学法，他用拼音标示闽南地方语言给码头工人讲课，"九月秋风渐渐来，无被盖米筛。甘蔗粕，拾来盖目眉。蚶壳钱，拾来盖肚脐。网斗纱，掇来盖脚尾。遍身盖密密，未知此寒何路来"。这种下里巴人的歌谣，刻画的是下层劳动人民生活的真实感受，用闽南话读来朗朗上口，让码头工人很容易接受。据说很多被称之为"瞎眼牛"的码头工人因此而认识了很多汉字。

卢为珍老人告诉我们，卢戆章虽然成了才，但为了推行他的文字改革，家庭经济反而更衰败了。因为他多次把他的著作《一目了然初阶》等书自费刊行，又曾上京寄望当权者能采纳推行，但他失望了，变得更穷困了。不过海内外的一些有识之士倒是给了他真诚的帮助，如许世英曾题赠"闽南耆宿"匾额嘉奖之，厦门的绅士林尔嘉、黄仲训等竭力帮忙推行。卢戆章在《一目了然初阶》一书的封面上写道"一目了然，男可晓，女可晓，智否贤愚均可晓。十年辛苦，朝于斯，夕于斯，阴晴寒暑悉于斯"，表达了他以一生之心血，追求普及教育之努力。据说曾有一段时间古庄的小学生上学是不用交学费的，这也许是对戆章精神传承和弘扬的一种表现。

村中的人们告诉我们，卢戆章的后代分衍于海峡两岸。他女儿卢天喜的孙女周抱珊现居台北，曾著文指出：卢戆章为之倾注毕生心力的"国音字母"，已成为完美之国音读物，海峡两岸以及华侨界皆用之。古庄村的村民们说他们非常想念在海内外的卢戆章后裔，希望他们能回到古庄，看看故里的新貌，发扬卢戆章的爱国精神。

世大夫第、大夫第

"大夫"是明清时期朝廷封赠给文职官员的一种"荣誉称号",而不是称医生的"大夫"。在厦门(同安)的古厝中,有好几处大夫第,但在同安三秀路边上的十字巷内,有一处在厦门独一无二的"世大夫第"。据陈家族谱载,它的建造者是清道光丁酉年(1837年)朝考一等的同安人陈荣试(字秋崖)。陈家历代诗礼传家,祖上陈常夏是顺治辛丑科会元,其后陈贻兰曾掌教双溪书院,陈宁世曾任福州侯官教谕,陈贻武是台湾府彰化邑庠生,一家数代都曾被朝廷诰封"大夫"。陈荣试派任四川,为官勤政清廉,晚年回同安时又被诰封"大夫"并下旨褒奖。因此陈荣试在建造世大夫第时,将诰封褒奖的圣旨制作一个精美的诰封箱高悬在中堂之上,这是当时的一种殊荣。这个金碧辉煌的装有圣旨的"诰封"箱,在"文革"时被红卫兵取下烧毁。

世大夫第

世大夫第为三进双护式大厝,布局大方简洁,雅致不同的是在宅第院内建花台院处,建有外护,实际上是一个雅致的书房。世大夫第内曾有多副清代名家所书的对联,但现所存不多,我们见到当时房屋落成时,陈秋崖母舅所赠的一副中堂戏联,道出了这陈秋崖建屋三不易:"克勤克俭始有屋庐避风雨,惟慎惟恭全凭孝友做人家。"说明

士大夫第内景（白桦）

士大夫第内的石刻（白桦）

文人的产业来之不易，陈秋崖亦将中堂命名为"留余堂"，即留有余庆予子孙之意。中堂柱上有联："忍字百余先人教泽，心田寸许子孙可耕。"据说是陈秋崖的夫人所书。

世大夫第内并不见得有多少的雕梁画栋，但院内花台，屋内书画，但却别有一种舒幽清雅的韵味。陈家后人告诉我们，祖上清廉，可从古厝中看出端倪，尽管陈家因受殊荣，可在宅第的燕脊上安放龙首，但整座古厝除了中堂和外部装饰用了红砖，几乎所有墙体全部用土夯、石筑，这样可减低造价。不过这些历经一两百年风雨的土夯墙，反而体现出了特殊的质量，至今坚实如初。

据说世大夫第的陈家也有过一段经济的辉煌。陈荣试的后裔陈以济（字渭臣），在清代末年废除科举后，饱读诗书的他毅然弃儒从商，曾在香港福建商会任要职。陈以济热心公益，多次在同安捐资修路造桥，同时对自家1000多米方的世大夫第整修了一番，世大夫第成了县城内的名宅。因深感祖上建房不易，在大门处立下护房石碑，"此屋为陈留余堂，外人不得私自典借。谨此立石"。可惜陈以济英年早逝，其子陈汉成，受业于前清举人陈锦谦门下，只会读书，不谙世事，将家庭所遗巨资，存放同安一家叫做"丰成"的大行号存本取息。不久"丰成"倒闭，随之抗战爆发，百业萧条，陈家坐吃山空。到抗战胜利后，陈汉成已成为卖豆浆的小贩。这时世大夫第的故事又有了一个插曲：当时同安的叶金泰在距世大夫第百余米的地方设了一个团部（解放后该团部成为同安有线广播站），看中了优雅的世大夫第，他叫来陈汉成，说要用巨资购买这处宅第。但陈汉成不卑不亢，表明坚决不卖祖产。叶金泰见这位豆浆小贩文雅又刚毅，竟不再刁难，只说想要一件古厝的东西赏玩。陈汉成因家道中落，家中很少张扬喜庆的场面，因此把认为没用的一条喜庆专用的前清织锦挂彩给他。

想不到叶金泰被这精美的挂彩倾倒，一向以武称雄的他竟"文"了起来，说不能白受，要用买的，给了陈汉成几十块大洋，从此也不再提买房之事。

大夫第

世大夫第是同安文人较早兴建的大夫第，到了清代末年，清政府政治

古宅大夫第（黄建社）

文采风流

大夫第门匾（黄建社）

日趋腐败，鬻官成风，社会上则治安不宁。清光绪年间，距同安县城约16公里的古宅村，又兴建起了一幢大夫第，建造者是由安南侨商黄谦亨。据说黄谦亨并非科举出身，而且文墨不多，但却是个事业有成的商人，他20多岁到越南经商，当时的安南（越南）是法属殖民地，黄谦亨经营的是与民生直接相关的商品：大米、白布、鱼干等大宗出自中国的土产，因此被法国誉为"法属第一商家"。黄谦亨是家乡情结很深的人，当时古宅是同安学子到泉州考取秀才的通道，这条古道称为古宅十八弯。古宅人崇尚文风中举者不胜枚举，而黄谦亨没有走向古宅十八弯，而是走向通往外洋之路，因此在他40来岁事业有成之时，就用钱向清政府捐了个"大夫"，同样光宗耀祖，而且亲自回乡营建大夫第。这座三落大六路的大夫第少了些文墨，却显得金碧辉煌，表现了主人的经济实力。据黄谦亨的后人说，当时祖上捐官，除了迎合家乡尚文的风气，还有一个原因，古宅地处南安交界，匪盗经常出没，有了官名可少受匪盗搔扰。因此古宅大夫第的格局体现了防盗的功能，大厝许多通道门都设有机关，天井覆盖铁织网，网上挂有铜铭，有盗贼从天井进入自然铃声大作。在卧室内有小门与后堂的暗道相通，如情况紧急，主人可以逃脱。

　　大夫第历数年建成之后，黄谦亨又赴安南。民国年间殁于安南，临终遗言，必归葬故里。黄谦亨在故里不仅留给子孙一份曾经扬名一时的房产，而且留下了重视经商的思想，因此典家子孙至今在本市商界仍有佼佼者，其裔孙黄添福在厦门经营房地产业颇有实绩，对古厝保护亦颇有见地，他拟将大夫第妥加保护，不仅可作为一种古民居的建筑标本，亦可结合周边环境成为一种旅游业资源。

许厝：鲁藜故乡振文风

诗人鲁藜故乡翔安区内厝镇许厝村，素有厦门文化村的美誉。许厝村有丰厚的文化资源和深厚的文化积累，保存有古街后房一条街和六栋许成功皇宫式古厝。民间流传着丰富的历史传说，还活跃着多支民间文艺演出队伍。

行走在鲁藜童年的时光隧道

许厝村是诗人鲁藜的故乡，这方水土的养育，使他在现代文坛上展现出了特有的乡土气息。村干部许玉佩带领我们来到村中的鲁藜故居前，这是一栋再普通不过的乡村民居，鲁藜的童年就在这里度过。其实鲁藜的真名叫做许图地，著有诗集《醒来的时候》、《时间的歌》、《天青集》，《鲁藜诗选》。鲁藜是七月诗派的代表，他的诗充满激情，为海内外广大读者所喜爱。他的名作《泥土》影响过几代人，革命烈士张志新和公仆楷模孔繁森都是他的忠实读者。

鲁藜诗选（白桦）

文采风流

现在修缮后的鲁藜故居，珍藏有鲁藜作品手迹、诗歌札记及昆仑诗集七辑、诗文集四卷和遗作18份。此外，还有鲁藜曾经用过的毛笔以及生前穿过的衣服帽子等。这些都是村里宝贵的文化遗产，许玉佩说，鲁藜许多创作思路来自于对家乡的记忆，最值得一提的是村民保留着的一群非常精美的红砖古厝，这是鲁藜童年时经常玩耍的地方。于是我们抄小路来到现场，只见燕尾式的屋脊，红砖的墙体，古香古色的屋檐下还有一摞摞堆砌的干柴，此情此景不禁让我们联想起鲁藜作品中对祖国、对家乡深挚的爱，和浓郁的乡土气息。许玉佩还告诉我们，这些古厝和鲁藜故居一样都将得到保护，供人回味和缅怀。

文化旅游将成为新的经济增长点

许厝文化村有多支村民组织的文艺表演队伍。镇文化工作者王冰告诉我们，除了鲁藜的故居和文艺表演队伍外，许厝村还是一处革命老区，这里还诞生了当年与罗明、陶铸等一同领导1930年"厦门大劫狱"时任同安县委书记的许英宗。这里还兴建了许厝烈士纪念陵园，纪念为解放厦门捐躯的烈士。这都是许厝村的历史文化内涵。

现在许厝文化村的一张蓝图已经展开，村中已经建起了占地300多平方米的特色文化园。许厝山地和果林面积广阔，生态保护较好。村中还有一条逶迤流向远处的九头溪，站在溪头似乎可以感觉到文化村美好的前景在

鲁黎故居（林剑影）　　　　　　　　鲁黎故乡歌舞队（志明）

延伸。王冰还告诉我们，有关部门将致力扩大许厝知名度，丰富许厝文化产业内涵，以现代诗人鲁藜和历史文化名人资源为基础，打造文化品牌。根据现有资源打造特色剧团品牌；发展民俗文化，开设木偶戏、宋江阵表演、歌仔戏表演、闽南风俗表演等，将文化旅游作为新的经济增长点。

许厝的皇宫式大厝

闽南古民居并不少见，但许厝村的一群古民居却显得与众不同。常见的古民居屋顶上只铺瓦片，而许厝村的这群古民居屋顶上却铺上瓦筒。在闽南民间有这样的说法，古代瓦筒一般铺于寺庙或皇宫，民间使用则会触犯等级森严的封建制度。那么许厝村的这群古民居又为何全铺上瓦筒呢？

在许厝村，这群古民居被称为"许成功大厝"。现任许厝村书记的许建平告诉我们，他现在珍藏着许氏族谱，族谱里明确记载着许成功是众多许厝村民的先祖，生活于清乾隆年间。许成功早年靠种田起家，积累了万贯家财，但他为人慷慨，乐善好施，其善举闻名遐迩，连当时的皇帝也有所耳闻，于是召见了许成功。许成功在皇帝面前进退得体，对答如流，深得皇帝赞赏，于是赐官给他，但许成功不接受，说："时当雨季，乡下田舍简陋，难禁风雨，我不能抛弃村中父老。"皇上无奈，放他回乡，并赐号"田舍翁"，同时还特

许厝存古韵（志明）

许他建六座"皇宫式"屋顶的大厝，这更是一种殊荣。因此，村中流传起俚语："宁做种田翁，不做王爷公。"

　　回乡后，许成功开始四处搜罗建材，当时南安石井是闽南木材的一大集散地，因此怀揣金银前往采购。为了在途中预防不测，再加上他平时不修边幅，前往南安石井时，衣衫褴褛。木材堆积和经营之地就在石井白沙码头，他在场内逛荡，询问价格，老板是个势利眼，见他穿着破棉袄，提着草袋，料定他做不成大买卖。他询价时，老板十分不耐烦，对他说，这些木材价值何止万金，你只要出得起千金，我就全部卖给你！孰料到，许成功当场从棉絮里、草袋里把所有的金银翻出来，恰有千金。这些木材由于常年漂于海上，埋于沙中，实际数量难以估计，因此许成功连续运了数月，方把这些木材运完。这些木材不仅足供建造六座"皇宫式"大厝，还远远有所剩余，他把剩下的木材又捐给了村里建造祠堂和贫苦村民修建房屋。因为他得到皇上的特许可以用瓦筒建"皇宫式"的屋顶，因此远近传扬"有许成功的富，没有许成功的大厝"。

　　在历尽沧桑的许成功大厝里，我们发现，屋内的梁柱果然质量上乘，虽历两百余年，仍不朽不蛀，而且整个古建筑群可谓精雕细琢，许多木雕、青石雕、砖雕雕刻着人物、动物、花鸟等多种题材，至今仍栩栩如生，令人叹为观止。

皇宫式屋顶大厝成了牛的栖息地（志明）

民居里的贞寿牌坊

元代的墓志铭

2007年，同安区大同镇三秀街西端的太守巷一些旧民房进行拆迁，这里是当年同安县的官绅文士汇聚之地，人文兴盛。太守巷里有一幢棋盘厝和一座贞寿牌坊。棋盘厝世代由高氏子孙居住，拆迁之际，老宅内一块黑乎乎的石头，看似无用之物，行将丢弃之时，高家人发现石头上刻满了文字。因此将其留下，请教本市文史专家龚洁先生。

龚洁先生仔细研读之后，拍案而起，说这是块元代墓志铭，是记载同安人文变迁的重要物证！原来，同安大同镇三秀街太守巷的这支高氏裔孙，是从原属于同安的高浦，又称鹤浦，即今杏林迁入的。这块墓志铭的主人是太守巷高家的元代先祖，名高仲卿，墓志铭中载道："先世自光州仕闽，知泉州军者，镔公、镒公登雍熙（984—987）进

元代的墓志铭（林剑影）

士,遂后居泉之安平。厥后擢科举者五十八人,是为安平之望族……府君(墓主人)天资孝友,博通经史,虽承衣冠世胄,尚志不仕。性喜山水,因慕白鹤山地脉之胜,延福州,甲寅年(1314年)卜居鹤浦。创置经营,不让陶朱,资产之盛,甲于乡间。平生乐善好施,不容推辞。课子督孙,循规蹈矩,种种令闻,无间人言。"至今,三秀街的高氏族的后人仍尊高浦为祖祠,经常往返。龚洁先生指出,元代墓志铭本来就比较稀少,这块墓志铭,家族脉络明晰,尤其难得。贞寿牌坊闽南仅见,更加宝贵。

至清雍正年间(1723—1735年),太守巷的高氏裔孙中,又出了一个"雍进士"高育茂,是县里的义行名人。据《同安县志》记载:高育茂,字植万,号乐园,性淳朴。雍正癸丑(1733年)洪水为灾,流尸遍野,育茂施棺殓埋。邻里穷乏,放贷不吝。建祠堂,修谱系,他还延师课督侄儿读书,培养成千总、崖州营参将、春江副将,署理总兵。他对儿子以彰说:凡有义举,量力助成。以彰凛遵遗训,乾隆癸卯(1783年)捐建奎星楼,癸丑(1793年)倡修崇圣祠、朱子祠。乙卯(1795年)建轮山紫阳书院。嘉庆丙辰(1796年)改朝元城门,清铜鱼古迹。以彰又命次子倡修文庙明伦堂,协辑邑志。命三子修城垣,浚河沟。可见高育茂祖孙三代为同安做了诸多好事,义声著于四方。当时的督宪嘉其义,赏以彰袍挂银牌。尽管高家经济上颇有实力,但"四世同堂,不蓄婢仆,世咸称焉",有着朴素的良好家风。

高育茂建造了一座精美的"棋盘厝",安置合家老小,四世同居于此。高育茂的妻子是位高寿的人瑞,在她106岁的时候,乾隆皇帝下旨褒扬她,因此高家在自家"棋盘厝"的院子里奉旨建造了贞寿牌坊。贞寿牌坊历经了两百多年的风雨,保留仍十分完整。寿贞牌坊雕琢精巧,玲珑剔透,美轮美奂,堪称闽南牌坊中的精品。贞寿牌坊、高家元代墓志铭都蕴含了独特、宝贵的人文信息。

棋盘厝的贞寿坊

贞寿牌坊巍峨壮观,保存完好,石雕件制作精美,飞天浮雕栩栩如生,花鸟鱼虫形象逼真,龙、狮构件玲珑剔透,令人叹为观止。

古牌坊上安放"双龙护圣旨"的精美石雕,"圣旨"下镌刻着:"乾隆己酉年(1789年)为诰赠奉直大夫雍进士高育茂寿妻诰封太宜人百有六岁洪氏建",牌坊还镶有"贞寿之门"、"寿山福海"、"皇恩宠

贞寿牌坊（郑宪）

文采风流

贞寿坊上的飞天石刻（郑宪）

赐"、"钦赐龙缎"、"恩赏帑金"等石匾。原来，这是乾隆皇帝为了褒奖"雍正进士"高育茂的长寿妻子而下旨敕建的牌坊。建坊时，高育茂的妻子已达106岁的高龄，故称为"贞寿坊"。据说"贞寿"这两个字可不是随便授予的，受封者需年龄达百岁以上才能获此殊荣。难怪这座牌坊的许多文字，都由时任同安知县的王兆和亲笔题字。

专家说，这座牌坊是同安现存建造最精美，保存最完好的古牌坊，它不仅具有特殊的历史意义，更具有重要的文物和艺术价值。它能够历尽风雨桑沧而得以完整保存，实属一件幸事。不过这也得益于古牌坊深锁民居院中，才得以完好保留至今。同安文史专家颜立水先生说，金门也有一座节孝坊，俗称"邱良功坊"，是清嘉庆朝所建，当时邱良功的母亲虽已年高八旬，但也只能够诰封为"节孝"。同安的这座"贞寿牌坊"完全可以媲美金门的"邱良功坊"。

高家后裔告诉我们，据《同安县志》记载，当年高育茂家祖孙三代在同安乐善好施，深得民众口碑。高家后代虽不再当官，但都秉持良好的家风，对建于家中的古牌坊爱护有加。特别是近年来，文物盗窃猖獗，古牌坊上的精美石雕常遭到窃贼觊觎，有一回，深夜之中窃贼潜入院内盗走牌坊上面的精美石雕构件，高家人发现，急起追赶，终于把石雕件追了回来。为了防止再遭不测，高家人将追回的石雕精心保护起来。高家的高先生和高大姐从屋子里搬出来几件"石鱼"、"石龙"，诉说了当时勇斗窃贼的经过。高氏原为同安望族，子孙繁衍，多为名士。在清代和民国时期，又漂洋过海，播迁到金门、台湾以及东南亚一带创业发展。如今子孙绵延，不乏精英。改革开放后，金台和东南亚的高氏裔孙陆续回来寻根访祖，延接脉系。2007年秋，高家人反映，棋盘厝已经拆除，元代墓志铭体积小，较易保存，贞寿牌坊，不知何去何从，令人忧心。

古树青青　古戏悠悠

翔安香山脚下的吕塘村，已有悠久历史，当年朱熹曾在村边的香山上讲学，古村也是紫阳过化之地。因此古村文风鼎盛，民风淳朴，尤以古树、古厝、古戏集于一村，形成特色的田园风情。当该村被区政府规划为民俗文化村时，我们作为《厦门日报》的记者进入村庄，领略了古村的人文地理特色。

古树通人性

从厦门往翔安新店方向驱车50多公里，由新店镇的公路拐向九溪边上的石头路，来到了吕塘村。我们穿巷过宅，拐上几道弯，眼前豁然开朗，一座山冈横挡面前，山冈上株株参天大树傲然挺立，显得无比坚毅。原来这就是著名的吕塘松柏林。张天骄先生告诉我们，古松林已有600多年历史，据说是闽南地区现仅存的成片古松林，它占地近百亩，共有260多株形态各异的古树，大部分树高10多米，最高达15米，多数直径1米，最大的有1.2米。这片古松林有一个奇特的现象，所有的树枝枝枝朝西南。据说现居村中的洪姓族人，其先人均为当年从新店西南方向的洪厝一带迁移而来，进村时都要先在此山上种树，树长成时枝枝朝着老家，似有"认祖归宗"之意。因此现在村中还有一个独特的习俗，每当年轻人举行婚礼时，都要到村中的这个山冈上祭树或种树，寓意今后成家立业能同树木一样欣欣向荣。这些树也都被村民视为神树，爱护有加。

文采风流

　　沿着山冈下行，有个盘龙谷。村书记洪荣旭告诉我们，前年夏天有位村民因日间劳作中暑了，昏昏然中迷了路，走进盘龙谷，这个山谷平时人迹罕至，不想进谷之后他突然发现一片古榕树林，树冠相互交错连接，遮天蔽日。他在一棵老榕树下昏睡过去，醒来时发现"榕须"拂面，暑气全消。从此，这处古榕林才为人所知。吕塘村人深信，人爱树树也护人，这些默默无闻的古树就这样庇护了这一方水土与人文。

　　这时一阵悠悠的地方戏曲调随风飘来，我们寻踪进入村庄里。

古村儒雅风

　　吕塘村位处香山之下，自然有种不凡的气息。吕塘村人洪神扶先生说，南宋年间，朱熹任同安县主簿时，曾到过香山一带，觉得这里风光如画、仙人可居，遂将"荒山"改名"香山"。现在香山上仍留有朱熹手迹"真隐处"。明朝时，同安、金门、集美、大嶝等地的举子10人，以此为书院，结盟兄弟，同窗攻读，后来都成为进士。于是吕塘村一直深受"书香"之风熏陶。

吕塘村的古树林（郑宪）

吕塘村（郑宪）

　　明清时期，吕塘多人中进士和举人，村中一下子建起了一大片精美的闽南红砖大厝，现存的这种大厝还有近百幢。我们爬上一幢新建民宅的顶楼上欣赏，眼下是一大片的红屋顶，马鞍脊的、燕尾脊的……整齐有序，十分壮观。蜿蜒的村中古道绕着古厝延伸，它似乎是一道曲折蜿蜒的民俗曲谱，也似乎在传承着一种文脉。

　　我们又沿着村中的古道前行，随行的张天骄先生说，你们发现了没有，吕塘村民个个生得眉清目秀，言谈举止温文尔雅，他们热爱家乡，喜欢艺术，乡村之中乐曲常年缭绕。洪神扶先生说，20世纪60年代，这里出了个"吕塘南音文化名人"王永大，他自幼迷上南音，热心创作，还参加乡村俱乐部，执教育人，培养学生，把南音发扬光大。那时，吕塘村还活跃着一支由数十名村民自发组成的文艺队，经常排演歌仔戏、南音、小品等节目，村民们在劳作之余看一出戏，顿觉疲惫消失，其乐融融。吕塘人重情义，村民洪允兴先生赴香港经商数十年，每逢回乡，总是热心公益事业，已经捐资十几万元修路助学，发展本村文化事业。

　　如今闽南曲艺已融入了村民的文化生活，怡然自得的村民，常在闲暇时吹箫弄管，低吟浅唱。王永大的得意门生洪金盛，在1995年创办了福建省唯一的民办民间戏曲学校。戏校招了一个孤儿班，生源来自本市福利院

或特困家庭。吕塘民间戏曲学校，开设有高甲戏、歌仔戏、南音等专业，培养出200多位曲艺人才，成为闽南戏校的佼佼者。这两年，该校几度前往金门，送上《杨门巧媳》、《三请樊梨花》等闽南戏曲经典剧目，和金门乡亲欢度传统佳节，深受欢迎。我们来到戏校，适逢"休戏"，一大群小学员正分别练着"文功"和"武功"，刚才那悠扬的曲调就是文功学员在练嗓。

田园新宏景

从村中的古道走上村里新修的水泥村道，平坦舒适，村里的古道连接着新道路，这些新道路宛如延伸着的民俗曲谱。吕塘村旁是厦门第三大溪流九溪，这条长溪在这里静静流淌了千百年，一幅崭新的图画即将在这里展开：前不久，翔安区正式向省有关部门提出了香山——吕塘一带创建省级风景名胜区的申请。吕塘建设民俗文化村的规划有的已在实施，其实村中一幅优美的构图已经开始着墨加彩，一幢仿唐代风格的大型建筑吕塘民间戏曲学校的新校舍已经落成。以古松柏林为中心，约1.5平方公里的范围内将建成民俗村。村民们重视发展旅游事业，以宽阔的胸怀和深厚的人文，迎接各方游客。九溪两岸的古屋仍在诉说着历史，形成一幅优美的民俗图。夏日之风拂过那片松林，欢快地沙沙响着，戏曲学校的学生们每天高昂曲调响起来。今年秋季，孩子们将再度应邀前往金门，进行交流演出，亲情溢满两岸。村书记洪荣旭为之高兴地说，古屋、古树、古戏将成为吕塘旅游业的三张牌，今后这里还将建起农家旅馆，让来宾在此住下，亲身

塘戏校的小朋友（郑宪）　　　　　　　　吕塘小演员在金门（郑宪）

体会浓浓的吕塘民俗文化韵味。新的村道还在延伸,民俗文化村的图画将越画越美。

国内罕见的太监碑

明代在吕塘村附近出了两名太监,一位是金门青屿张敏,曾搭救过明朝第十位皇帝朱佑樘的小命。另一位太监就是西林的柳智。他们同时被掳入宫,也都地位显赫,但没有什么劣迹,可说是封建宫廷的"良监"。在吕塘村的公路旁,有一石碑被称为"太监碑",碑上刻着"南监重修柳氏先茔墓表",记叙了明代太监柳智的生平。柳智(族谱为致),字澄渊,号无碍居士。被荐入禁宸,清身为监,历英宗(正统)、代宗(景泰)、英宗(天顺)、宪宗(成化)、孝宗(弘治)五朝,凡六十年。在宫廷主簿书,擢长随,司祭祀,晋奉御,授玉牌金紫,荣宠至极。又兼事南京针工局(纺织工业),进而管理内府(贮藏银两和财物)戊字库(内府分十大库),可见柳智在宫中的地位和权力。但他为人清正,读书尚义,薄于奢华,厚于宗祖,远于荤酒,近于贤能,乐善好施,在南京修桥造路,有口皆碑。且富贵不忘本,不遗亲,于弘治十年(1497年)遣从弟赍资归葺祖茔,还修祠堂,置祭田。至于平时周贫济乏,助婚赙丧,不胜枚举。今新店溪尾至蔡塘一段五里长的三合土溪岸,相传是当年柳监回乡省亲时,见溪洪泛滥请命而筑。

太监碑(白桦)

现存于吕塘村旁的"太监碑",立于明弘治十五年(1502年)。据说是目前已知国内唯一的一块记叙太监生平的碑刻,十分珍贵。

尚武之乡：丙洲的南音情结

铁骨与柔肠

把南音融入生活是闽南特有的人文现象。同安丙洲似一片绿叶浮于海上，人们出没波涛，民风剽悍，当年抗英名将陈化成就出生在这里。如今陈化成的画像挂在丙洲陈氏祠堂中，供来者凭吊，尚武爱国的精神在丙洲传承下来。然而自古以来，"珪璋古乐，典雅之音，华夏正声，国之瑰宝"的南音，也一直伴随着丙洲人的生活。

丙洲人喜好南音，村子里无论老少，几乎人人都能唱上几句。有趣的是，痴迷于南音的丙洲人中很多都是行伍出身，军队练就了他们的坚强品格，但是优雅的南音却始终是他们心中最爱。很多人参军时都要带上乐器，在训练之余，他们喜欢玩弦弄管，用从家里带来的南音乐器吹奏一番。他们退役后回到丙洲，又成为丙洲南音的传承人。1955年参军的陈安南、陈清豪两位老人就是其中的代表，退役后他们参与组织了村民们学习南音和表演南音的活动，活动地点就在陈氏祠堂的大厅中。他们介绍说，每个晚上都会有村民在这里聚会，互相切磋传授，风雨无阻。在我们的盛情邀请下，几位老人给我们表演了两段南音的基本曲目，他们各执一件乐器，款款地弹起"起首引"和"尔因势"，清越的声音在古老的祠堂里回荡，让人迷醉。

老少皆能唱

南音在丙洲流传已久，早就成为丙洲人生活的重要部分，但是丙洲的南音原先并不为外界所注重，村民们也只是将它看作农闲时的娱乐。而随着南音文化在全国知名度的提高和社会对南音价值认识的提高，丙洲人才开始了解到自己视为生活一部分的南音竟是中国文化的瑰宝。这时丙洲的南音水平也开始为外界所了解，丙洲南音在全国各种南音比赛中频频获奖，它的水平之高也得到了权威的肯定，南音界很多同行纷纷来丙洲"取经"。而最让丙洲人骄傲的是，前些年，丙洲少儿南音队晋京演出时还受到了胡锦涛同志的接见。一个乡村南乐团能够上京，这对丙洲人无疑是个巨大的鼓舞。现在丙洲人着重于对年轻一辈的培养，村里年轻一辈中很多人从小接触南音，喜欢南音。现在有的人出外工作或学习，仍始终不忘南音，有还成为了专业的南音演员。在更小的孩子里，南音成为他们课堂学习之外最乐意学习的技能。丙洲的"国祺儿童文化园"被命名为国家级农村儿童文化园试点，而这个儿童文化园的主要活动内容之一就是南音的学习。丙洲浓厚的南音氛围给他们创造了得天独厚的条件，人们抛却年龄的隔阂，互相切磋，孩子们的技艺进展很快，他们开始参加各种南音比赛，并

练曲（郑宪）

文采风流

获奖。新一代人为丙洲的南音增添了更多的荣誉。

两岸共南音

南音使丙洲和外界的交往更加频繁。丙洲和金门隔海相望，村民们说，出太阳的时候就可以看见海那边的金门，可以说得上是"鸡犬相闻"。更为有趣的是，据村民们说，丙洲和金门地区盛产鲎，丙洲的鲎皆为雄性，而金门的皆为雌性，丙洲鲎每年到繁殖季节就会"远渡重洋"到金门去，"结婚"后又带着"家小"回到丙洲来。这也许只是村民们的趣谈，但是从中却透露出这样的信息：丙洲和金门血脉相通，文化相同。据说两地的南音文化就是由同一个师傅教授，因此在风格上极为相似。现在南音成为联结厦门和金门的重要纽带，两地南音的交流不断。2002年，金门组织了一批学习南音的金门小朋友到厦门，有关部门特别指定丙洲学习南音的小朋友和他们联欢。丙洲在外乡的人也将家乡的南音带到了他们现在所居地，并且在居住的地方代代相传，成为侨居海外的人和家乡保持联系的重要依托。据说丙洲人在台北的后裔就有一万多人，他们大多也喜欢南音，每次回乡祭祖之余，他们都要与家乡的南音迷们切磋技艺。前不久，在厦门演出时，台北南音基金会与丙洲弦友巧遇，他们将自己的会旗赠送给丙洲弦友，并约定两岸弦友要经常进行南音交流。南音还让丙洲声名远播海外，丙洲在大型的国际南音比赛上频频获奖，获得了海外南音界的尊重，日本的南音爱好者甚至还将日本保存的南音古谱送给丙洲村。可以说，正是通过南音这一种共同的语言，丙洲参与了与世界的对话。

雏凤清于老凤声（郑宪）

台北南音基金会留旗纪念（郑宪）

石狮风狮守护厦金两门

在厦门这座已有600余年建城历史的城市文化里，掩藏着一种被称为"石敢当"的民俗文化遗存，它包含了石狮公、石狮王、石狮爷等造型古朴、憨态可掬的石文化形象。这些憨态可掬的石狮形象，跨海到了金门之后，却"挺起腰板"，成了风狮爷。

厦门石狮爷寿比厦门建城史

据宋代王象之《舆地纪胜·福建路》中载："庆历（1041—1048年）中，纪纬宰浦田（莆田），再新县后，得一石，铭其文曰：'石敢当，镇百鬼，压灾殃。官吏福，百姓康。风教盛，礼乐张。'唐大历五年（770年），（莆田）县令郑，押字记，令家人用碑石，书'石敢当'之字，镇于门。盖此风之所流传云。"厦门的石敢当源于古代中原的石敢当文化，石狮公、石狮爷则有自己的特色，它们的历史至少可以与厦门建城一样悠久。古人用它们祈祥辟邪，成为一种民间石头信仰文化。有的石狮王，就在巷口屋旁，平时小孩子与之相依偎，大人们掸掸它身上的尘。它们在民众之间不摆架子，和民众没有距离。

厦门的石敢当文化中体形最大的要数中华街区里石顶巷的石狮王，它造型古朴可爱，个头也大，所以才得到"王"的美称。这尊石狮王守卫在人烟稠密的街区小巷口，并依偎在一家民居的墙体上，民居翻建成楼房仍不忘给它一个安身之所，所以自古以来它一直在原有的"岗位"上。

文采风流

态可掬（郑宪）

　　典宝路头一拐角处的石狮公，被供奉于一小龛中，这一小龛是一座三层旧居民楼的一部分，它在楼的边角处。而这座楼的第三层，住着一位专门守着石狮公的老奶奶。老奶奶年事已高，当日还因其高龄耳背没听见敲门声，差一点放弃那日的拜访。老奶奶非常慈蔼善谈，名叫陈如意，已有90岁高龄，18岁时嫁入夫家。据她介绍，这石狮公的历史也有一百多近两百年了。老奶奶的儿孙们都已迁离这条老巷，丈夫也已过世，她身体也不好，但为了守着"石狮公"，老奶奶放弃与儿女一同享受新社区较宽的房子，而一个人住在这座旧楼的第三层。据说石狮公能驱邪解灾，因此许多海外归来的人都来这里膜拜。采访中，我们碰到两个住在厦门港的市民在那里上香。每年农历五月十八日石狮公生日，连续8天唱戏，相当热闹，老奶奶做的面线糊也会被人们一扫而空。

　　在城市建设中，一些石敢当文化也不知不觉地流失了。听说老城区的大同路一带还有一些遗存，内武庙那里最多。在双莲池的小巷里，有几个地方的墙体上面镶嵌着石敢当的石刻。询问当地的年事较高的老居民时，大多只知其年代久远。一位热心群众还告诉我们，原来小巷口有一尊形态非常漂亮的立体雕琢的石狮公，不久前一个窃贼来偷窃这尊石狮公。由于这尊石狮公的石基深深地埋在土里，窃贼无法把它从土里拔出，竟敲断了它的腿，把上身拿走了。

石狮跨海挺直腰板"镇风煞"

在采访中，时任厦门市博物馆副馆长陈文先生告诉我们，石敢当文化在当代城市文化中可视为一项宝贵的文化遗存。特别是与厦门一衣带水的金门也存在着石敢当文化，一种是"泰山石敢当"，也就是和厦门一样，只是用条石刻成文字，在今天的金门仍找得到，如金门振威第后之泰山石敢当。据说有的石敢当上还刻有八卦、符令等。另一种则是与厦门石狮公堪称兄弟的"风狮爷"。这两者同样是民间崇拜的石敢当文化现象，应该说它与厦门的石敢当文化有着一脉相承的关系。

记者在金门采访时就看到过多种形态各异的风狮爷，特别是金门吕厝的风狮爷，仍然是四脚着地，仰首远望，其形态与厦门的石狮公造型有类似之处。但金门其他地方大多数的风狮爷则是挺起腰板，后脚着地，站了起来。而且它身上大红大青地着色，更显示了一种乡土味十足的石狮造型。金门文化人士黄先生告诉我们，金门的风狮爷形象可以视为闽南石狮的一种嬗变，一般的石狮造型都是四脚着地，而金门的风狮爷大多是后脚着地，前脚挺立，因为它担负着"镇风煞"的使命。金门风沙大，风狮爷挺起身来更形象地体现了勇搏风沙的气势。从台湾学者叶均培的《金门辟邪物》一书中了解到，金门风狮爷至今仍有七十多尊，称得上是金门一大特色。据叶先生考证，金门村落的风狮爷，当地称之为"石狮爷"，这与厦门称之为石狮王、石狮公如出一辙。

金门的风狮爷（郑宪）

金门的风狮爷（郑宪）

风狮来厦 "招财进宝" 添喜气

近年来，随着厦、金两门间往来越来越密切，文化交流也在民间交往中热络起来。一些热心读者在前往金门旅游中，金门的风狮爷给他们留下了深刻的印象。回到厦门之后，他们觉得金厦两门民俗相同，文脉相通，金门有厦门的石狮爷形象，厦门是否也有风狮爷呢？答案得到了肯定。大嶝的读者张再勇告诉我们，大嶝就有好几尊风狮爷。不过大嶝之所以有风狮爷，是大嶝与金门有着特殊的一段人文地理的渊源。因为大嶝在历史上，曾经是金门县的一个乡，现存大嶝岛上的风狮爷，认真观赏起来，还可以说有点大嶝特色。这尊风狮爷，比起金门的风狮爷，少了些许凶悍，多了几分憨态。现在立于大嶝的东蔡村、虎头寨景区，时常吸引着游人观赏。从中也让人们了解到，大嶝与金门的亲密关系和历史渊源。一位热心的读者告诉我们，厦门岛上他也发现了风狮爷。这尊风狮爷就在林德叉车厂的大院内。这尊风狮爷，连同底座有五六米高，厦门岛上怎么也来了风狮爷？说起来也颇有意思，原来不久前林德叉车厂厂庆，一家客商特地赠

老人对石狮王虔诚烧香（郑宪）

送了这尊巨大的风狮爷作为贺礼，这尊风狮爷手握金钱，憨态可掬。工作人员告诉我们，他们把这尊风狮爷称为招财风狮爷。看来风狮爷来到厦门岛，又有了新的使命，那就是"招财进宝"。

　　金门的洪先生告诉我们，金门现在出了一个乡土陶艺家名叫王明宗，现在他的陶艺作品名声远扬，特别是以石敢当文化的石狮爷作题材的陶艺作品，名扬海峡两岸。特别是这位王明宗先生，经常穿梭在金厦两门，他作品的造型，既有取材于厦门石狮爷造型，也有取材于金门风狮爷造型。真是想象不到，古老的厦门石敢当文化遗存，竟成了艺术家鲜活艺术创作的主题。这种文化遗存，也为文化旅游增添了一种特色的选项。在这方面，金门似乎比厦门早跨出了一步。而厦门怎么利用这些文化遗存作为一种沟通两岸文化联系的纽带，其实还有很大的空间。

陈喜亭：宣勤海外扬文采

同安的过溪，好一个灵秀之地！那条宛延的绿水淙淙而来，两岸是描不尽的田园秀色，令人有几分世外桃源之感。"过溪"（旧称裔魏）为名，名副其实。要不是群众提供线索，真不知这个悠然田园的地方竟藏了这么一座别具特色的古厝。

满屋弥漫文采

进了过溪村，很快找到了陈喜亭的古厝。交趾陶的装饰光彩依然，鹅卵石的墙基别有韵味，真正令人惊叹的是，山村里的这座古厝，居然汇集了中国一个时期众多国家级的文化名人的书画墨宝，堪称是隐匿于山村里的"书画艺术馆"。

陈喜亭古厝为两进双护龙，建筑颇为精美，门庭装饰以交趾陶为主。交趾陶艺术在这里发挥得淋漓尽致，花鸟瑞兽，鱼龙人物，只作边幅装饰，主体装饰则是摹刻了名家画作或书法的全幅，且署有落款、年份，最迟的是"民国三年"（1914年），这也许是交趾陶的最后辉煌。前堂和中厅那些"当时在国内外名躁一时"的文化名人的书画作品，经雕刻之后，都成

陈喜亭像

了建筑的有机组成部分。

　　交趾陶鲜红艳蓝烧制成的梅花喜鹊图原作画家高峻，署有"姻兄陈喜亭正"的落款；"有才子显亲扬名……"是康有为的赞语，篆书"绎山碑"系伊秉绶之子伊玉熏所作。那一幅郑孝胥的手迹，"杖藜随水转东冈，兴罢还来赴一庄。饶桀是非谁人梦，固知余习未全忘"。诗意清丽，比书俊逸，果然是金石家手笔。可惜郑孝胥后来沦为汉奸，书法不传，而此处手迹为其沦为汉奸之前。细细揣摩古厝里这些书法图画，又有出乎意料的收获。这些书画墨宝不是从他处摹刻，这些"文化人"全部都与古厝的主人陈喜亭有书画缘。而且清末改良派领袖康有为，清末武状元、福建陆军使的黄培松，民国初年的福建省长萨镇冰，护国联军司令唐继尧，厦门道尹吴山，厦门名流丘菽园（海沧人，长居新加坡）、黄仲训、林文庆（海沧人）等均与陈喜亭有文字交谊，可见其交游之广。这不禁使我们对陈喜亭的身份产生了浓厚的兴趣。

作者与陈喜亭后裔陈志欣在古厝前合影（郑宪）

文采风流

在古厝中有康有为、郑孝胥等名家书画

在古厝中,我们寻得喜亭先生肖像一幅,内中题有一诗曰:

回首中原万里云,明公海外久宣勤。
任兼劳怨常分我,事到疑难只赖君。
收拾侨心培国脉,力扶正气靖妖氛。
大名早自腾诸葛,休负邦人属望殷。
下署朱光坤资生倚装濡笔

读罢题诗,可知陈喜亭是一位有声望的侨领人物。但遍查厦门及同安的地方志书和文史资料,却未见记载。正当我们在采写中感到遗憾的时候,同安收藏协会的吴鹤立先生给我们提供了自己珍藏的有关陈喜亭的宝贵资料,前清举人、南侨诗宗丘菽园有这样的记叙:"喜亭君者,少本习儒,学识宏通。壮岁渡南,起家商业,对于宗邦(祖国)闾里公益事,糜不尽力。以是名闻遐迩,京政府颁给五等嘉禾章,黎大总统手书宣勤海外匾额……"

民国名人题匾

为了探寻黎元洪的题匾，于是我们二度赴田洋，再访陈喜亭古厝，想证实是否真有黎元洪的题匾。但我们除了又发现了多幅书画雕刻作品外，并未见到匾额。我们在古厝里狐疑之际，一位青年人出现了，他名叫陈志钦，是陈喜亭的裔孙。他告诉我们这座老房子建于清末民初，历经数年营造，建成时已是民国三年（1914年）。祖上陈喜亭是新加坡巨商，事业有成之际，回乡建此房屋之后，又赴新加坡。由于种种原因，这位"大名早自腾诸葛"的人物，在国内几乎史料不存。当我们问及是否真有匾额时，陈志钦告诉我们，匾额就在奶奶家中。

陈志钦的奶奶住在"城内"，由是我们又驱车赶回"城内"。当金灿灿的古匾从老床背后拖出之际，不由令人眼睛一亮，"宣勤海外"四个大字赫然在目，上署"喜亭侨商"，下落"黎元洪题"，并有两方印章。

陈奶奶告诉我们，古厝中原有十块匾额，"文革"中偷的偷，砸的砸，就剩下两块保留下来。另一块当年"革委会"拿去盖猪圈，现在只留下这一块了。据说另一块是孙中山题给陈喜亭的，上书"海外侨屯"。

陈喜亭古厝的故事也许才刚刚开始。正因为有了这座古厝的存在，陈喜亭不至湮没于历史尘埃，杳然于逝水流年。这座古厝富含的文化艺术、史迹和故事，可称得上是历史钩沉的宝库，而对这个宝库的钩沉则刚刚开始。

黎元洪为陈喜亭题匾：宣勤海外（志明）

主要参考书目

明·何乔远《闽书》
明·张燮《东西洋考》
清·乾隆版《鹭江志》
清·道光版《厦门志》
清·乾隆版《台湾府志》
清·嘉庆版《同安县志》
清·《嘉禾名胜记》
民国·《厦门市志》
民国·《台湾通志》
现代·李禧《紫燕金鱼室笔记》
当代·《厦门文化丛书》系列
当代·《金门学》丛刊
当代·洪卜仁《厦门史地丛谈》（厦门大学出版社）
当代·许长安《语文现代化先驱卢戆章》（厦门大学出版社）
当代·方友义等《厦门城六百年》
当代·《湖里山炮台与克虏伯大炮》（厦门市政协文史和学习宣传委员会 编）
当代·卢善庆《山水美与旅游》（厦门大学出版社）
当代·龚洁《到厦门看红砖厝》
当代·方文图《厦门路路通》
当代·颜立水《冬耕集》、《秋实集》、《金同集》
当代·何丙仲《厦门碑志汇编》

厦门日报资料室有关资料、民间族谱及范寿春、杨纪波、陈复授等方家的论述，不一一列举。

【后记】

厦门自明洪武十五年建城，就一直浸润在海洋气息之中。清道光年间，兴泉永道周凯总纂《厦门志》即指出：厦门东抗台澎，南连百粤，人烟辐凑，梯航云集，是为东南第一大都会。况且海道通大洋，自古厦门人喜为弄潮儿，过台湾，下南洋，"贫者为佣，搏升斗自给；富者挟资贩海，得捆载而归"。辟为通商口岸后，此风尤甚。数百年来，中华文化由此向海外传播，西洋文化随波涛在此交汇，使得这座港城积淀了丰厚的历史记忆，这其中有辉煌，有喜悦，有坎坷，有酸楚……这些记忆就掩藏在古城老屋，掩藏在闾里街市，掩藏在岁月深处……形成了本土文化不可或缺的组成部分。

作为厦门日报专刊的编辑、记者，几年来一直从事着本土地理人文的专题报道，与历史研究不同的是，新闻工作更注重从新的视角中挖掘最受多数人关注的本土文化，从民众中，从资料外发现被掩藏的历史人文，更重视历史文化的当代回响，让人们轻松地感知生动真实的历史文化。书中每个篇章，每个发现，每个追溯都是亲历现场的采写，有的则是几番深入调查的斩获。

今春适逢中国人民政治协商会议福建省厦门市委员会编辑厦门文史丛书，主编洪卜仁先生一再鼓励，给予指导。因此从近几年来本人采写的相关专题中选其精粹，融入新成分，进行重新撰写而成。敢不揣卑陋，奉付梨枣。

本书的编撰可追溯到2002年3月，当时厦门日报周刊推出"讲述老房子的故事"系列。总编辑李泉佃先生当时即指出，厦门日报应关注厦门的文脉，厦门的历史。

时任周刊部主任，现任厦门日报副总编江曙曜先生撰写的"公开的稿签"中更畅言："为厦门留住历史文化的传承和进步的轨迹，让厦门成为有故事的城市。这是家园的幸事，儿孙的福祉。"

在此要深深感谢日报总编李泉佃，深深感谢江曙曜副总编在百忙中为书作序，深深感谢洪卜仁先生不弃细流，多次为本书修改，校正史实，深深感谢厦门日报周刊历任领导的支持，尤其要感谢厦门市政协厦门文史丛书编委会的指导与支持。

取善辅仁，皆资朋友。几年来，同仁郑宪，友人白桦、李世平、林剑影等一直为留住这些历史记忆，怀着热情参与到其中，殊为难能可贵。多位文友参与了采写，其中吴慧颖、许丹加入本书的编辑，李文轩、杜小霞、沈冬丽、董祝梅、陈凌、高浔、李玉玲、许立秋、颜有能、郑春萌、郭彩蓉、刘琴、书村、沈毅玲、叶龙杰、黄熙雯、向雯、侯功挺、陈瑶、罗维维、李斯蕻等都曾相伴而行，深入间里，用脚撰文。而张再勇、吴鹤立、林静灿、张晓良、黄颂华、黄天赐、林庆明、黄伟生、曾波、陈珍铃、陈和杰、卢合浦、廖艺聪、张亚狮等诸多读友都曾提供极有价值的线索，在此深表谢忱。

厦门这座港城的历史人文可以远追盛唐，人文积累的丰厚，我们对间里记忆的搜寻也还很有限，仓促成书，疏漏难免，还有望方家指正。随着时间的延伸，将有更多的记忆等着你我共同发掘，为厦门历史文化共同来积累。

卢志明
于2008年春